Markus Thomm

Spiritualität mit Leib und Seele

Yoga für Christen

butzon & bercker

PATRIS VERLAG

In Dankbarkeit widme ich dieses Buch
meinen Eltern,
die auf vielfältige Weise meine Entdeckerfreude gefördert haben,
Pater Kentenich,
dem ich die Grundintuition dieses Buches vom
ganzheitlichen Glauben, Leben und Lieben verdanke,
allen, die ihrerseits Freude daran haben, Neues zu entdecken
und nicht zuletzt all denen, die mich bei der konkreten
Entstehung des vorliegenden Buches unterstützt haben,
insbesondere Roland Weiß, für die gelungene Gestaltung des Layouts
und Arulanda Jose, von dem das Gemälde, Christus im Lotus, stammt.

Satz und Grafik: Roland Weiß, Eberbach
Druck: Hans Fuck, Koblenz
ISBN 3-87620-264-7 (Patris Verlag, Vallendar-Schönstatt)
ISBN 3-7666-0662-X (Butzon & Bercker, Kevelaer)

Inhalt

Vorwort

Yoga, ein für viele exotisch klingender Begriff, hat in den letzten Jahren immer mehr Anklang gefunden im westlichen Kulturbereich, nicht zuletzt in Deutschland. Fragt man etwas genauer nach,

was sich hinter diesem Begriff verbirgt, so kann man die verschiedensten Antworten bekommen, angefangen von Beschreibungen als einer Art populärer Gymnastik über vage Vermutungen hinsichtlich Bewusstseinserweiterung, Chakren und paranormaler Fähigkeiten bis hin zu konkreten Erfahrungen in Indien, dem Ursprungsland des Yoga, oder auch Erfahrungen in der eigenen Pfarrei, in der Jugendarbeit oder der Erwachsenenbildung vor Ort. Die Frage, die sich dabei aufdrängt und immer wieder gestellt wird, ist, ob Yoga mehr darstellt als eine rein körperliche Übungspraxis, wie es mit dem religiös-spirituellen Gehalt aussieht und wie sich Yoga mit dem christlichen Glauben vereinbaren lässt.

Nach eigener mehrjähriger Erfahrung mit Yoga in verschiedenen Schulungen in Indien und einer zweijährigen Yogalehrerausbildung bin ich darangegangen, diesen Weg theologisch zu reflektieren und aus christlicher Sicht zu beleuchten.

Die Frucht, die dabei entstanden ist, aus der Verbindung der uralten Erfahrung der Hindus mit dem Kern des christlichen Glaubens und seinem Vollzug ist ein neuer Yoga-Weg, der nicht die Theologie der Hindus übernimmt, wohl aber ihren Jahrhunderte alten kostbaren Erfahrungsschatz aufgreift und ihn aus christlicher Theologie interpretiert und erklärt. So wurde ein neuer Yogaweg formuliert, ein christlicher Yoga, der weder auf das rein Körperliche verkürzt noch eine beliebige Mischung mit dem Glauben der Hindus eingeht, sondern uns Christen eine Hilfe ist, unseren Glauben ganzheitlich, mit Leib und Seele, vertieft zu leben und dabei längst vergessene Dimensionen neu zu entdecken.

Nach einigen groben Zügen zu den Quellen und Grundlagen des Yoga im Hinduismus werde ich den Brückenschlag zur christlichen Glaubenspraxis wagen. Dabei möchte ich deutlich machen, dass der Vollzug des Yoga ein leibseelischer Ausdruck dessen ist, worum es der christlichen Glaubenspraxis im Kern geht.

Der zentrale Teil des Buches, der Übungszyklus, bildet eine praktische Anleitung, anhand derer jeder Interessierte sich in den zuvor beschriebenen christliches Yogaweg einüben kann.

Wer im Anschluss daran das Thema weiter vertiefen möchte, findet im dritten Teil eine kurze Beschreibung verschiedener Schulen und Spiritualitätsrichtungen im Hinduismus und außerdem einige Schlaglichter zum Hintergrund der christlichen Auffassung, dass Leib und Seele des Menschen nicht getrennt sind, sondern eine Einheit bilden und sich gegenseitig durchdringen.

Den inneren Anstoß zu diesem Buch verdanke ich Joseph Kentenich, dem Gründer der internationalen Schönstatt-Bewegung, der sich ein Leben lang für einen organisch-ganzheitlich gelebten christlichen Glauben eingesetzt hat, einen Glauben, der sich nicht allein im Kopf abspielt, sondern alle Dimensionen des menschlichen Lebens umgreift: Gedanken, Gefühle und den gesamten körperlichen Bereich bis hin zur Sexualität.

Ich wünsche viel Freude beim Lesen und dem, der es wagt, viel Entdeckergeist beim Einüben dieses christlichen Yoga-Weges.

Grundlagen

Ursprung und Quellen des Yoga

Das Wort Yoga hat seinen Ursprung im Sanskrit, aus dem die heutigen indischen Sprachen hervorgegangen sind. Seine ursprüngliche Wurzel „Yu" bedeutet u.a. „verbinden", „anschirren", „anspannen". In diesem Sinn wird Yoga definiert als das Wiederherstellen der Verbindung zwischen dem individuellen Selbst und dem höchsten, dem göttlichen Selbst.

Auch in den modernen Sprachen finden sich Begriffe, die in der Sanskritwurzel ihren Ursprung haben, so z.B. das englische Wort „yoke" und seine deutsche Entsprechung „Joch", das zum Anschirren, zum „Jochen" dient. Das lateinische Wort iungere (verbinden, anjochen), iugum (Joch) zeigt ebenfalls Spuren der Sanskritwurzel.

Yoga gehört zu den ältesten religiösen Praktiken überhaupt. Als erste Quellen dieser Tradition werden Höhlenmalereien im nordindischen Industal gewertet. Sie sind um 2000 v.Chr. entstanden. Die ersten schriftlichen Zeugnisse, z.B. die „Rig Veda", sind zwischen 1500 und 800 v.Chr. entstanden. Trotz dieser frühen Dokumente ist es jedoch kaum möglich, den Ursprung des Yoga genau zu datieren. Denn zum einen geschah die mündliche Weitergabe vom Lehrer zum Schüler bzw. Schülerkreis lange vor jeder schriftlichen Niederlegung und zum anderen griffen die philosophischen Schriften meist auf vorhergehendes Material bzw. auf eine anerkannte Autorität zurück, kommentierten diese und interpretierten sie dabei oft entsprechend um. Der indischen Gechichtsschreibung kommt es nicht so sehr darauf an, exakte Daten festzuhalten; vielmehr geht man davon aus, dass sich Ereignisse grundsätzlich jederzeit wiederholen können. Worauf es ankommt ist das Typische, das hinter den Ereignissen aufleuchtet und das, was für nachfolgende

Generationen wertvoll und gültig ist.
Von Patanjali (2.-3.Jh v.Chr.) stammen die bis heute als grundlegende Quellentexte des Yoga meistzitierten „Yoga-Sutren". In acht Stufen liefert er eine konkrete Beschreibung von Methoden zur Erlangung von Konzentration, Meditation und Ekstase. Besonders bemerkenswert sind die detaillierten Beschreibungen von einzelnen Techniken bis hinein in den okkulten Bereich von magischen Kräften, Elevation usw. Eine weitere herausragende Quelle, deren Akzente im dritten Teil eigens behandelt werden, stellt die Bhagavad-Gita dar. Sie besteht aus 700 Doppelversen und bildet den Höhepunkt der Mahabharata, welche mit der Ramayana die beiden großen epischen Gedichtszyklen des antiken Indiens bildet.
Vermutlich aus dem 15. Jahrhundert stammt schließlich die Hathayogapradipika, die, wie der Name schon andeutet, besonders dem Hathayoga gewidmet ist, der vor allem den körperlichen Aspekt der Yogastellungen betont.

Kultureller Hintergrund

Der kulturelle Hintergrund der Anfänge des Yoga steht im Rahmen eines Strebens nach kultureller Einheit. Denn Indien repräsentiert schon von frühester Zeit an einen großen Pluralismus an Volksgruppen, Rassen und Kulturen. Dabei bedeutet die Einwanderung arischer Volksstämme in Nordindien im zweiten vorchristlichen Jahrtausend wohl die massivste Konfrontation zweier Kulturen. Die kulturelle Begegnung

fand natürlich nicht während der militärischen Auseinandersetzungen statt, sondern setzte erst wesentlich später ein. Dies geschah durch zwei Randgruppen der arischen Gesellschaft, die viel offener für Begegnung und Inkulturation waren als die einheimische Bevölkerung. Es waren die Vaisnava-Gemeinschaft und die Vratya-Bruderschaft. Hier nahm die kulturelle Begegnung von vedischer und vorvedischer Gedankenwelt ihren Ursprung. Der entstehende Yoga war der Beginn dieser ungeheuren Verschmelzung urindischer Kultur mit dem arischen Weltbild, ein Prozess, der sich über Jahrhunderte hinzog und die Grundlage einer indischen Ethik und
Lebensphilosophie bildete.

Jahrtausende alte Poesie

Keshin-Hymne

Ein Auszug der Keshin-Hymne (1500-800 v.Chr.) soll einen Geschmack davon geben, in welchem Stil diese uralten Texte von Wesen und Ziel des Yoga sprechen, wie das religiöse Leben und Empfinden der Menschen damals geprägt war. So wird in poetischer, bildhaft beschreibender Sprache das Ideal des Asketen beschrieben:

Der im langen Haar überdauert das Feuer.
Der im langen Haar überdauert das Gift.
Er überdauert beide Welten.
Der im langen Haar wird das Licht genannt.
Die vom Wind umgürteten Weisen
haben die sandfarbene Robe
des Staubs angezogen:
Sie gleiten mit dem Wind,
wenn das Göttliche sie erfasst hat.

Jubelnd als Seher
sind wir über die Winde aufgestiegen,
Von uns oh ihr Sterblichen,
nur unseren Körper ihr seht.

Im Zwischenbereich schwebt der Weise,
herabstrahlend auf alles, was Form ist;
wegen seiner Frömmigkeit
nennt man ihn Freund eines jeden Gottes.

Das Ross des Winds,
der Herr der Freunde des Lebens
ist der vom Göttlichen trunkene Weise.
In beiden Ozeanen wohnt er,
im oberen und im unteren.

Auf dem Pfad der Nymphen,
der Engel und der wilden Tiere
schreitet der mit dem langen Haar einher,
ein Kenner der Sehnsüchte der Herzen,
ein sanfter Freund,
mit durch und durch heiterem Wesen.

Für ihn hat der Herr über das Leben
aufgewühlt und zerstoßen das Unmögliche,
wenn der mit dem langen Haar, in Gott Rudras Gesellschaft,
aus dem Giftbecher trank.

Bhagavadgita

Wesentlich jünger ist das zweite Textzeugnis aus der Bhagavadgita (ca. 300 v.Chr.). Auch hier wird das durch Yoga erlangte Ziel beschrieben:

Wenn alle Bewegungen des Verstandes unter Kontrolle sind, befreit von ruhelosem Verlangen, sodass sie ruhen in der eigenen Mitte, dann wird der Mensch ein Erleuchteter – einer, der in Gemeinschaft mit Gott lebt. Eine Lampe flackert nicht mehr, wo es keinen Wind mehr gibt.
So ist das mit einem Yogi, der sein Gedächtnis, sein Denken und sein Selbst unter Kontrolle hat und ganz aufgeht in dem Geist, der in seiner eigenen Mitte wohnt.
Sobald durch die Übung des Yoga die Ruhelosigkeit gestillt ist, findet der Yogi durch die Gnade des Geistes, der in ihm wohnt, tiefe Erfüllung. So erfüllt ihn eine ewige Freude, die Jenseits der Sinne liegt, deren Sinn er nicht mehr begreift. Er verharrt in dieser Realität und verlässt sie nicht. Er hat den kostbarsten aller Schätze gefunden. Es gibt nichts Größeres als dies.
Wer dies einmal erlangt hat, wird selbst durch den größten Schmerz nicht mehr im Innern berührt.
Das ist die wahre Bedeutung des Yoga – die Befreiung von Trauer und Schmerz.

Hinduistische Erfahrung und christliche Theologie

Faszinierende Begegnung zweier Religionen

Echte Begegnung bedeutet nicht Nivellierung, sondern Bereicherung aus dem Wissen um die eigene Identität und den eigenen Ort, an dem ich stehe. So soll es hier darum gehen, dass wir uns, im Christlichen stehend, vom Hinduismus bereichern lassen und Elemente aufnehmen, die assimilierbar sind, ohne den eigenen Horizont zu sprengen.
Dieser Horizont ist das christliche Gottesbild mitsamt den damit gegebenen Implikationen

bezüglich Welt- und Menschenbild, Geschichtlichkeit und Erlösungsvorstellung.
Das ist also der Glaube an einen personalen Gott, der die Welt aus dem Nichts geschaffen und ins Dasein gebracht hat und in diesem Sinn von ihr völlig verschieden ist, jenseitig und transzendent. Er setzt sich jedoch zu ihr in Beziehung als Gott der Geschichte, der mit dem Menschen, den er als sein Abbild geschaffen hat (Gen1,27), einen Bund schließt (Gen 6,18). Dieses Sich-Einlassen auf die Geschichte des Menschen und der Welt erreicht seinen Höhepunkt, indem Gott sich in Jesus Christus inkarniert und Mensch wird, um die Welt zu erlösen.
Für eine christliche Yoga-Praxis bedeutet das: Im konkreten Vollzug sind die Yoga-Übungen immer auch im Horizont der Geschichtlichkeit zu sehen. Sie sind Teil eines persönlichen geschichtlichen Weges und begleiten ihn als Hilfe, sich der Erlösungsgnade zu öffnen. Aus dieser Perspektive wird die Yoga-Praxis zu einem Weg der Einübung in christliche Grundvollzüge. Das letzte Ziel ist schließlich die Verklärung des Menschen durch seine Teilhabe an der innigen Gemeinschaft mit Gott. Diese lineare Geschichtsvorstellung unterscheidet sich deutlich vom zyklisch verlaufenden Geschichtsverständnis im Weltbild des Hinduismus.

Dem hinduistischen Denken ist die Vorstellung einer personalen Erlösung durch einen Erlöser und sein Erlösungsopfer fremd. Für den Hinduismus ist das Ziel des Menschen die Befreiung (Mokscha) des absoluten Seins aus einer dieses Sein verbergenden und fesselnden Hülle. Diese fesselnde Hülle kommt zustande aus der aktuellen geistig-leiblichen Verfasstheit des Menschen. Sie wird gesprengt auf mystisch-erkenntnismäßigem Weg, was eine Auflösung der Scheinwirklichkeit der Welt und eine Realisation des Göttlichen im Menschen selbst bedeutet, wobei das individuelle Selbst (Atman) im universalen Selbst (Brahman) aufgeht. Im christlichen Verständnis, das nicht kosmozentrisch, sondern anthropozentrisch geprägt ist - der Mensch ist die Krönung der Schöpfung -, bleibt die personale Seele mit ihren individuellen Zügen bestehen. Werden im Hinduismus die Geschicke des Menschen durch die unpersonale Gesetzmäßigkeit des Karma bestimmt - jede Tat bringt Schmerz oder Befreiung hervor - so greift der christliche Gott in seiner Vorsehung konkret in das Leben des Einzelnen ein, ohne allerdings die Freiheit des Menschen aufzuheben. Dieser Transzendenzbezug bleibt in einem christlichen Yoga bestehen, so dass es eine Synthese von Innerlichkeit und Bezug zur Transzendenz gibt.

Zum sozialen Bezug bleibt zu sagen, dass christlicher Yoga nie exklusiv der individuellen Erlösung dienen kann, sondern sich der Relevanz der sozialen Verantwortung bewusst bleiben muss beziehungsweise es ein Zeichen fortschreitender Erlösung ist, wenn der Blick für das Wohl des anderen mehr und mehr zur Entfaltung kommt. Christlicher Yoga muss sich auswirken im sozialen Miteinander.

Auch die christliche Gotteserfahrung, die sich immer an die Geschichtlichkeit des Lebens und Sterbens Jesu gebunden weiß, hat im Gegensatz zur Einheitserfahrung des Hindu (Advaita) eine soziale Dimension in der Gemeinschaft, in der sie gemacht, vermittelt und gefördert wird. Die Gemeinschaft wird also zum Realsymbol für die Gotteserfahrung, was bedeutet, dass die Gemeinschaft nicht ein Zeichen für den ansonsten abwesenden Gott ist, sondern dass Gott selber gegenwärtig wird gerade in der Gemeinschaft, wie Christus sagt: „Wo zwei oder drei in meinem Namen beisammen sind, da bin ich mitten unter ihnen." Eine notwendige Voraussetzung, die das Erleben irdisch-geschichtlicher Gemeinschaft erst ermöglicht, ist die leibliche Verfasstheit des Menschen. Dabei kann ein christlicher Yoga zeigen und erfahrbar machen, dass auch der Körper Realsymbol der Gotteserfahrung ist: Gott ist nicht nur der ferne, transzendente Gott, sondern er lebt leibhaftig in mir. Das Aufsteigen spiritueller Einsichten durch die körperlichen

Übungen ist ein Zeichen dieser Einwohnung des Göttlichen im Menschen.

Auch wenn man das christliche Gottes- und Weltverständnis als feste Grundbasis voraussetzt, gibt es trotz der Unterschiede Begegnungsmöglichkeiten mit hinduistischen Wirklichkeitsvorstellungen. So weist der katholische Theologe und Pionier der Begegnung mit der Welt des Hinduismus, Henry Le Saux, auf innere Entsprechungen zu spirituellen Erfahrungen des Hinduismus hin und versucht, die Einheitserfahrung des Advaita mit der christlichen Vorstellung der Dreifaltigkeit Gottes in Einklang zu bringen. Er begreift diese Einheit als Anteilnahme am Bewusstsein des göttlichen Sohnes, der mit dem Vater eins ist und doch in Beziehung zu ihm steht. In der Trinität findet er miteinander verbunden die Gotteserfahrung, innerste Selbsterfahrung und die Beziehung zur Welt, den sozialen Bezug. Auf diese Weise lässt sich das spirituelle Ziel des Yoga, die Einheitserfahrung, in den christlichen Kontext integrieren. Somit muss die Einheitserfahrung nicht im Gegensatz zur christlichen Gnade und Erlösung stehen. Es ist das Ziel sowohl hinduistischer wie christlicher Mystik, in die Tiefe des eigenen Selbst hinabzusteigen, um dort Gott zu begegnen. Die Spannung von Advaita und Transzendenz bzw. Beziehung findet ihren Ausdruck im Wesen der Trinität, die eine Einheit in Verschiedenheit, eine Dreieinheit bildet. In diesem Sinn bedeutet nach Le Saux die Einheitserfahrung nicht das schlichte Aufgehen des Selbst im Göttlichen, sondern vielmehr tiefste Wahrnehmung des Selbst in seiner Beziehung zu Gott. Als geschichtlich gewordene Inkarnation ist Christus transzendent und kann zugleich als immanent erfahren werden: Für Le Saux ist diese Einheit des göttlichen Sohnes mit dem Vater identisch mit der mystischen Erfahrung des Neuen Testaments, wonach der Gläubige mit Christus eins ist. Das ich-zentrierte Bewusstsein des Menschen geht über in eine neue Identität in Christus. Paulus formuliert diese Identitätserfahrung kurz und prägnant: „(...) nicht mehr ich lebe, sondern Christus lebt in mir“ (Gal 2,20). Der Glaube an Jesus Christus in seiner Geschichtlichkeit, seiner Menschlichkeit, seinem Sterben am Kreuz und seiner

Auferstehung ist die unaufgebbare Erinnerung daran, dass Gott nicht ausschließlich im menschlichen Innern gefunden werden kann, sondern dass er dem Menschen von außen entgegenkommt, ihm gegenübersteht, ihn anspricht, ihn beruft und ihm begegnet. Im Glauben an Jesus Christus wird so die namenlose Immanenzerfahrung Gottes eine christliche Gotteserfahrung.

Spiritualität mit Leib und Seele

Yoga ist nicht einfach eine Technik und schon gar nicht ein mechanisches System von Körperübungen. Vielmehr umschreibt und beschreibt er einen gesamten Lebensvollzug, einen spirituellen Weg in vielfachen Variationen und Teilaspekten. Um dies konkreter zu zeigen und eine christliche Anwendung des Yogaweges zu zeigen, möchte ich mich im Folgenden nicht mit der Vielzahl verschiedener Yogarichtungen im Einzelnen beschäftigen, sondern mich für ein Yoga-System entscheiden, im Wissen, dass man auch andere Möglichkeiten wählen kann. So soll der in acht Elemente gegliederte Yoga, wie ihn Patanjali darstellt, als Grundlage der Darlegungen dienen.

Der indische Gelehrte Patanjali lebte im 2. Jahrhundert vor Christus. Seine systematisierenden Werke über den Yoga zählen zu den legendärsten Werken philosophischer Prosa der gesamten Weltliteratur überhaupt. Die Klarheit seiner Systematisierung ist bis heute unübertroffen.
Patanjali beginnt mit Yama, Nyama, den ethisch-asketischen Voraussetzungen, um überhaupt tiefere spirituelle Erfahrungen machen zu können. Yama, die Selbstbeschränkung, bezieht sich vor allem auf mein Verhalten zu meiner Umwelt und beinhaltet Gewaltlosigkeit, Wahrhaftigkeit, Nicht-Stehlen, reinen Lebenswandel und Nicht-Besitzergreifen.
Nyama dagegen zielt stärker auf den individuellen Bereich, den persönlichen Lebensstil, die eigene geistliche Disziplin oder auch Askese. Patanjali nennt auch hier fünf zentrale Elemente: Äußere und innere Reinheit, Genügsamkeit, Askese im Sinne beständiger Übung zur Beherrschung von Körper und Sinnen, Studium der spirituellen Schriften und schließlich die Hingabe an Gott.
Der dritte Bereich sind die Asanas, die eigentlichen Körperübungen, an die man wohl zu allererst denkt, wenn das Wort „Yoga" fällt. Bei Patanjali meint Asana zunächst allein den Meditationssitz, der stabil und angenehm sein soll, damit es vom Körper her keine Störung auf dem Weg der Meditation gibt.

Später wurde der Begriff aber erweitert in ein ganzes System von Übungen, um den gesamten Körper in eine gesunde und ausgeglichene Verfassung zu bringen.
Pranayama ist das bewusste Atmen bis hin zur aktiven Kontrolle des Atems. Wörtlich übersetzt ist Prana die Energie, um deren Yama, das heißt Kontrolle und Steuerung es geht. Diese Übungen können eine sehr intensive Wirkung auf Körper und Psyche entfalten. Pratyahara meint das Zurückziehen der Sinne von allem, was unsere Aufmerksamkeit fesseln könnte, ganz gleich ob es akustische Reize sind oder Reize der Nase, die uns das Wasser im Mund zusammenlaufen lassen oder anderes mehr. Denn das Anhaften an Weltlichem, so die Begründung, hindert uns auf dem Weg zu Gott.
Schließlich folgen die drei letzten Elemente Dharana, Dhyana und Samadhi. Sie beschreiben die Stufen des eigentlichen Versenkungsweges. Durch Dharana, die Übung der Konzentration, der Sammlung auf einen Punkt, wird der Zustand der Meditation, Dhyana erlangt. Die Anstrengung des Sich-Konzentrierens öffnet sich in die gelassene Ruhe, einfach ganz und gar da sein zu können, ohne mit den Gedanken umherschweifen zu müssen. Dieser Bereich kostet keine Anstrengung und wirkt sich als tiefe Erholung aus.

Dieses gelassene Dasein-Können verdichtet sich im Samadhi noch einmal in einen Versenkungszustand, der auch als Vereinigung mit dem Selbst beschrieben wird. Es ist eine tiefe Wahrnehmung des eigenen Selbst in Einklang mit allem was ist. Wer so bis in seinen innersten Seelengrund vorgestoßen ist, wird in seinem Handeln und Fühlen nicht mehr durch Äußerlichkeiten bestimmt, sondern allein durch seine wahre innere Realität, sein inneres Selbst geleitet. Dieses innere Selbst durchstrahlt sozusagen seine gesamte Persönlichkeit. Wer diesen Zustand nicht nur als ein kurzes Aufflackern gekostet, sondern ihn zu einem Dauerzustand hat ausreifen lassen, ist ein Erleuchteter.
Bei der beschriebenen achtfachen Gliederung des Yoga-Weges handelt es sich nicht, wie man meinen könnte, um einen hierarchischen Stufenweg, sondern um einander zugeordnete Bereiche, die sich gegenseitig bedingen und durchwirken.

Die in der Abbildung gegenüberliegenden Elemente sind auch inhaltlich einander verwandt. Yama bildet die soziale Dimension von Pratyahara (Zurückziehen der Sinne), da es letztlich den Verzicht auf das Eindringen in den Lebensbereich der anderen ausdrückt. Betrifft Pranayama die Verbindung von Innenwelt und Außenwelt im Ein- und Ausatmen, so stellt Samadhi den Übergang zwischen der Welt der Dinge und der reinen Transzendenz her. Nyama ist der ethische Aspekt von Konzentration, die Dharana erstrebt, und Asana schließlich bildet den physischen Ausdruck der meditativen Grundhaltung und Ausrichtung Dhyana.

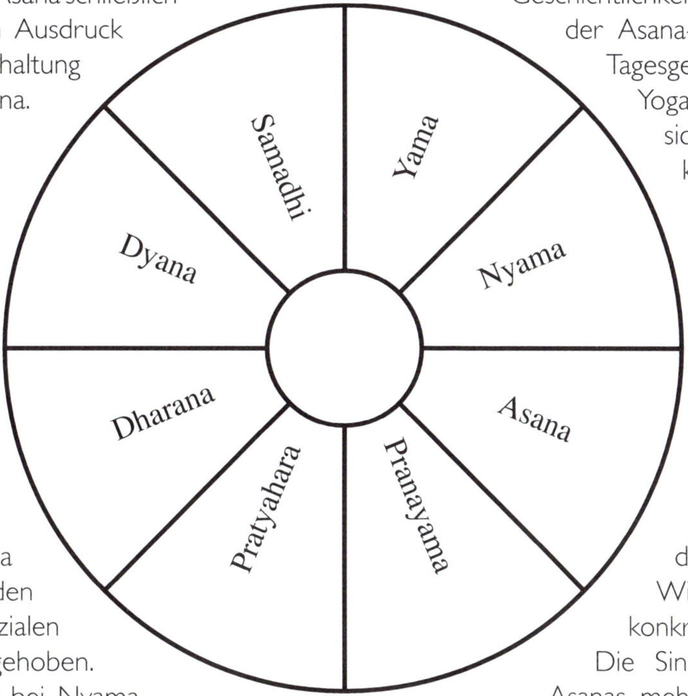

Man könnte nun die acht Bereiche untersuchen nach den drei Grundbezügen des menschlichen Lebens, nämlich dem Selbstbezug, dem sozialen Bezug und dem Gottesbezug. Alle drei Bezüge durchziehen den achtgliedrigen Yoga des Patanjali. Yama und Pratyahara wurden bereits in ihrer sozialen Dimension hervorgehoben. Der Selbstbezug mag bei Nyama, Pratyahara oder auch Asana besonders deutlich ins Auge fallen und Dharana, Dhyana sowie Samadhi zeigen besonders den Gottesbezug. Denn hier nähert man sich in besonderer Weise der oben erwähnten Einheitserfahrung und der Gottesbegegnung im eigenen Selbst.

Darüber hinaus hat allerdings der gesamte Yogaweg seine Bedeutung für den Gottesbezug, da letztlich ganzmenschliches Heilsein in der Geborgenheit in Gott besteht, was den Selbstbezug und den sozialen Bezug wiederum mit einschließt. In jedem Element sind alle drei Bezüge auffindbar.

Die Ganzheitlichkeit einer Spiritualität mit Leib und Seele besteht auch im Blick auf die Geschichtlichkeit, die Bedeutung der Asana-Praxis im konkreten Tagesgeschehen. Alltag und Yoga-Übung beeinflussen sich gegenseitig. Das konkrete Leben in der Welt, der eigene geschichtliche Weg, wirkt hinein in das, was man tut, wenn man sich zu den Asana-Übungen zurückzieht. Und ebenso prägt diese Zeit des Zurückgezogenseins das verantwortliche Wirken in der Welt, im konkreten Aufgabenfeld. Die Sinne, die sich in den Asanas mehr nach innen richten, sind nachher umso lebendigere Tore zur Kommunikation mit dem eigenen Umfeld, den Mitmenschen und der Welt mitsamt ihren Gütern. Der Körper, der den Zugang zur eigenen Innenwelt ermöglicht, ist nachher wieder Instrument, das nach außen wirkt: Hände können tasten, wahrnehmen, empfangen, beschenken, helfen; sie können allerdings

auch erdrücken und töten. Dabei ist der Körper Ausdruck für seelische Vorgänge. Er ist ein Ausdruck, durch den sich Seelisches realisieren kann und stellt zugleich einen Schutz für innere Vorgänge und die seelische Verfassung des Menschen dar. Was mit Schutz gemeint ist, wird z.B. an der Bedeutung der äußeren Sinne deutlich. Sehen, Riechen, Schmecken usw. gehören zum Bereich des Körperlichen. Sie sind gleichsam Türen, die unmittelbar in das Seelische hineinführen. Als solche sind sie Zugang nach innen und haben zugleich Schutzfunktion, um zu bestimmen, was hereinkommen soll und was besser nicht. Ein weiteres Beispiel wäre die Bedeutung des bewussten Atmens für die seelische Seite der eigenen Befindlichkeit. So wirkt bewusstes, kontrolliertes und regelmäßiges Atmen beruhigend auf die Seele. Der Körper ist notwendiger Teil und Ausdruck des spirituellen Weges. Die materielle Welt ist Verwirklichung des Geistigen.

Yoga umschließt den gesamten Lebensweg des Einzelnen einschließlich seiner sozialen Dimensionen. Es ist ein Weg, der aus der Zerrissenheit und dem Getrenntsein von sich selbst, dem Umfeld und dem Göttlichen zu neuer Ganzheit, zu ganzmenschlichem Heilsein führt.

Die Ganzheitlichkeit mit dem Zueinander der acht Bereiche bei Patanjali, den drei Grundbezügen des menschlichen Lebens einschließlich der Geschichtlichkeit sowie dem Verhältnis von Leib und Seele bzw. Materie und Geist ist eine vielschichtige

Realität. Zusammenfassend möchte ich ein Bild gebrauchen, das diesen Sachverhalt veranschaulicht: Ich vergleiche den Yogaweg mit einem Diamanten, der eine Vielzahl verschiedener Facetten zeigt. Jede der einzelnen Facetten wird in ihrer Erscheinung von den anderen Facetten beeinflusst, obgleich nie alle Facetten gleichzeitig gesehen werden können. Durch den reinen Schliff und die Wechselwirkung aller Facetten entfaltet sich die vollkommene Leuchtkraft des Diamanten.

Der Yogaweg des Patanjali unter christlichem Vorzeichen

Yama und Nyama

Diese Lebensregeln, die das Verhältnis des Menschen zu seinem Umfeld und seine eigene Lebensführung betreffen, können leicht christlich durchbuchstabiert werden anhand vieler Passagen des Ersten und des Neuen Testaments.

Jesus sagt über sich selbst: „Ich bin der Weg, die Wahrheit und das Leben; niemand kommt zum Vater außer durch mich" (Joh 14,6), und er ergänzt: „Wer mich gesehen hat, hat den Vater gesehen" (Joh 14,9). Diese Aussagen Jesu lassen sich in Bezug auf Satya (Wahrhaftigkeit), das zum Bereich des Yama gehört, wie folgt deuten: Jesus lebt so konsequent in der Wahrheit, dass seine Jünger in ihm wie in einem klaren Spiegel die Herrlichkeit Gottes erkennen können. Mehr noch: Der Einzelne kann auch die Wahrheit über sich selbst in Jesus entdecken. In dem Maße, in dem der Mensch noch in seinen Lebenslügen gefangen ist, spiegelt ihm Jesus ohne Beschönigungen seine Fassaden und Masken wider, die er sich im Laufe der Zeit aufgebaut hat. Man denke zum Beispiel an die Begegnung Jesu mit der Samariterin am Jacobsbrunnen (Joh 4,1-26). Im Verlauf dieses Gesprächs findet die Samariterin immer mehr zu ihrer eigenen Realität, angefangen vom Eingeständnis ihrer vielen Männerbeziehungen bis hin zur alles durchdringenden Wertschätzung durch Jesus, der nichts beschönigt aber zugleich ihrer Person bedingungslose Anerkennung schenkt.

Ein weiteres Beispiel möchte ich wählen für Tapas (recht verstandene Askese) aus dem Bereich Nyama. Jesus spricht in Gleichnissen vom Himmelreich: „Mit dem Himmelreich ist es wie mit einem Schatz, der in einem Acker vergraben war. Ein Mann entdeckte ihn, grub ihn aber wieder ein. Und in seiner Freude verkaufte er alles, was er besaß, und kaufte den Acker. Auch ist es mit dem Himmelreich wie mit einem Kaufmann, der schöne Perlen suchte. Als er eine besonders wertvolle Perle fand, verkaufte er alles, was er besaß, und kaufte sie" (Mt 13,44-46).

Hier geht es nicht um gewaltsame Selbstkasteiung, durch die man die Perle wohl kaum finden würde, sondern der Bauer bzw. Kaufmann, der eine Kostbarkeit entdeckt, die alles bisherige übertrifft, ist aus der Freude über den Schatz bzw. die Perle aus seinem ganzen Wesen heraus gerne bereit, dafür auf vieles zu verzichten, was ihm zuvor noch als besonders erstrebenswert erschien.

Als drittes Beispiel möchte ich abschließend zum Bereich „Sauca" (Reinheit) eine Seligpreisung aus der Bergpredigt zitieren: „Selig, die ein reines Herz haben, denn sie werden Gott schauen" (Mt 5,8).
Wie an diesen Beispielen gezeigt, kann jeder, der Geschmack daran gefunden hat, selber darangehen und christliche Entsprechungen zu den einzelnen Elementen von Yama und Nyama finden.

Pranayama

Der Bereich des Atems hat auch im Christlichen von jeher eine besondere Bedeutung. Im Ersten und im Neuen Testament steht der Atem, das Hauchen des Windes oder auch der brausende Sturm in unmittelbarer Verbindung mit Leben, Gotteserfahrung und Geist bzw. Heiligem Geist:
„Da formte Gott, der Herr, den Menschen aus Erde vom Ackerboden und blies in seine Nase den Lebensatem" (Gen 2,7).
Das leise Säuseln des Windes weist hin auf eine Gotteserfahrung des Elija: „Nach dem Feuer kam ein sanftes, leises Säuseln. Als Elija es hörte, hüllte er sein Gesicht in den Mantel, trat hinaus und stellte sich an den Eingang der Höhle" (1 Kg 19,12f).
„Da kam plötzlich vom Himmel her ein Brausen, wie wenn ein heftiger Sturm daherfährt, und erfüllte das ganze Haus, in dem sie waren. (...) Alle wurden mit dem Heiligen Geist erfüllt" (Apg 2,2).
„Denn uns hat es Gott enthüllt durch den Geist. Der Geist ergründet nämlich alles, auch die Tiefen Gottes. Wer von den Menschen kennt den Menschen, wenn nicht der Geist des Menschen, der in ihm ist? So erkennt auch keiner Gott - nur der Geist Gottes" (1Kor 2,10f).
Wie der Atem physisches Leben ermöglicht, so steht der Heilige Geist für den Zugang zum göttlichen

Leben. Der Atem kann verbunden werden mit dem vokalen Gebet. Solche Erfahrungen finden sich zum Beispiel im Jesus-Gebet, das parallel zum Atem rezitiert wird, und auch im Hinduismus. So wird Pranayama oftmals mit der Mantra-Meditation, dem gleichförmigen Wiederholen eines Wortes oder Satzes, in Verbindung gebracht.

Der Kern des Christlichen - in den Asanas entfaltet

Ich möchte in drei Perspektiven zeigen, wie im Bereich der Asanas der Kern des Christlichen eingeübt, entfaltet und exemplarisch gelebt werden kann:

1. In den Asanas werden christliche Grundvollzüge eingeübt.
2. Asanapraxis führt zur Erfahrung des Göttlichen im Menschen.
3. Die Ausrichtung der Asanas ist die Kontemplation[1].

Christliche Grundvollzüge - in den Asanas eingeübt

Grundlage für die Entfaltung einer christlichen Asana-Praxis ist die bereits beschriebene leibseelische Einheit des Menschen, die den Körper zum realen Symbol der Seele und ihrer Vorgänge macht bzw. durch die ich mit dem Körper meine innerseelische Verfasstheit verändern und prägen kann. So unterscheidet sich eine christliche Yogapraxis von reiner Gymnastik darin, dass letztere primär bloße Körperübungen sind, während in den Asanas christliche Grundvollzüge eingeübt werden. Aus der leibseelischen Einheit des Menschen ergibt sich, daß jede körperliche Bewegung durch die jeweils vorherrschende seelische Haltung und Gestimmtheit geprägt wird und diese damit in gewissem Sinn ausdrückt. Doch geht es hier nicht um eine unbewusste, unwillkürliche Auswirkung des

Seelischen im Körper, wie es sich z.B. im spontanen Gesichtsausdruck, dem Gang oder der Handschrift zeigt. Es geht um ein willentliches, bewusst beseeltes

---

[1] *Kontemplation, lat. Schauen, meint den Zustand und die Übung der Versenkung, wobei sich der Begriff nicht nur auf die konkrete Meditationszeit beziehen muss, sondern Kontemplation zum Lebensstil werden kann: Kontemplatives Leben, ein Leben in der Gegenwart, aus dem Hier und Jetzt.*

Handeln. Mit Asanas soll der Vorgang bezeichnet werden, bei dem die Arbeit am Körper gezielt in den Horizont christlicher Vollzüge gestellt wird, um diese einzuüben. Da der Körper Realsymbol der Seele ist, schafft sich die Seele ihren Ausdruck im Körper, und der Körper kann im Üben bestimmte seelische Grundhaltungen einüben und Wirklichkeit werden lassen.

Worin besteht nun der Kern des Christlichen? Was sind christliche Grundvollzüge? Was ist die höchste Kategorie christlicher Spiritualität?

Auf die Frage nach dem Woher des Lebens, die jede Religion in ihrer Art zu beantworten sucht, sagt die christliche Offenbarung, dass Agape, die höchste Form der Liebe, das Woher von allem ist. Das heißt, die höchste Kategorie ist Agape; Gott ist Agape. Agape ist selbsterklärend und selbstverständlich. Sie bedarf keiner Begründung und keiner weiteren Erklärung. Es gibt einfach keinen Platz für ein Warum oder Wozu. Denn Agape ist der Hintergrund, auf dem alle Antworten, die verständlich sind, verstanden werden. Wenn man auf die Frage: „Warum tut er dies?" antwortet: „Weil er sie liebt", fragt man nicht weiter: „Warum oder wozu liebt er sie?" Das ist so, weil Agape selbstverständlich ist.

Christliche Grundvollzüge sind damit Handlungsweisen, die herausfließen aus christlichen Grundhaltungen und Grundüberzeugungen. Es sind Handlungsweisen, in denen sich die letzte Kategorie des Christlichen, die Agape vollzieht.

Anhand von drei biblischen Bildern möchte ich verdeutlichen, wie sich diese Agape im christlichen Handeln manifestiert. Es sind die Bilder der Fußwaschung, des Brotbrechens und des Pfingstfestes.

In der Fußwaschung kommt in besonderer Weise das Dienen zum Ausdruck. Jesus wäscht seinen Jüngern die Füße mit dem Auftrag, auch selbst nach seinem Beispiel zu handeln: „Als er ihnen die Füße gewaschen, sein Gewand wieder angelegt und wieder Platz genommen hatte, sagte er zu ihnen: Begreift ihr, was ich an euch getan habe? (...) Ich habe euch ein Beispiel gegeben, damit auch ihr so handelt, wie ich an euch gehandelt habe".(Joh 13,12-15) Es ist der selbstlose Dienst, der vom Egoismus befreit und sich ganz für den anderen einsetzt, eine Hingabe, in der jeder sich zum Diener des anderen macht und sich in diesem Sinn an den anderen verschenkt. So steht Fußwaschung für eine dienende Geschwisterliebe. Diese Geschwisterliebe bezieht sich nicht nur auf den mitmenschlichen Bereich, sondern ist in der Verantwortung für die Schöpfung auszudehnen auf den Umgang mit der Umwelt, mit dem Kosmos, in dem wir leben. Es geht also um eine Art zu handeln, die alle Lebensbereiche durchzieht.

Das Bild vom Brotbrechen steht für Gemeinschaft (Koinonia) und kommt in der

Abendmahlsszene (Mt 26,20-29; Mk 14,17-25; Lk 22, 14-23) zum unüberbietbaren Ausdruck. Dieses Brechen des Brotes ist das Realsymbol der Ganzhingabe Christi in seiner Erlösungstat am Kreuz. Es ist Gemeinschaft, die gestiftet wird durch eine Liebe, die sich im Teilen, im Sich-Verschenken konkretisiert. Nicht das äußere Zusammensein bewirkt Gemeinschaft, sondern der Grundvorgang des Teilens und Mitteilens, was immer eine Form des Schenkens ist. Exemplarisch begründet im Abendmahlssaal setzt sich diese Koinonia fort in der Begegnung von Emmaus, in weiteren Begegnungen mit dem auferstandenen Christus und schließlich in jeder zutiefst christlichen Begegnung, wo zwei oder drei in seinem Namen versammelt sind. Dabei bleibt diese Koinonia nicht stehen beim rein Materiellen, sondern erhält ihren eigentlichen Wert, wenn sie begleitet ist vom gegenseitigen Schenken der Annahme des anderen, dem Teilen von Freude und Schmerz, dem Teilen der Hoffnung usw.

Im Pfingstfest schließlich wird durch den Heiligen Geist eine Liebe geschenkt, die die Menschen befähigt, jeden in seiner Sprache zu verstehen: „Alle wurden mit dem Heiligen Geist erfüllt und begannen, in fremden Sprachen zu reden, wie es ihnen der Geist eingab. (...) Als sich das Getöse erhob, strömte die Menge zusammen und war ganz bestürzt; denn jeder hörte sie in seiner Sprache reden. Sie gerieten außer sich vor Staunen und sagten: Sind das nicht alles Galiläer, die hier reden? Wieso kann sie jeder in seiner Muttersprache hören?" (Apg 2,4-8) Diese höchste Form menschlicher Liebe kann der Mensch allein aus sich heraus nicht verwirklichen. Sie muss durch Gottes Heiligen Geist geschenkt werden.

Pfingstliche Liebe ist ein Verstehen, das überall dort, wo man es sich schenkt, Einheit schafft über menschliche Grenzen hinweg. Verstehen löst Grenzen auf durch Verzeihen und Bejahung von Andersartigkeit. So ist das Pfingstfest ein Ereignis, wo trotz Vielfalt und Verschiedenheit der Sprachen und Kulturen eine tiefe Verständigung durch den einen Geist möglich war. Verständigung, in der einer den anderen annimmt und sich von diesem angenommen weiß.

Was ist nun der innerste, gemeinsame Kristallisationspunkt, die gemeinsame Bewegung in diesen drei Bildern und Ausdrucksformen? Alle drei Beispiele enthalten den Vorgang des Schenkens, des Sich-Verschenkens und des Beschenkt-Werdens in

verschiedenen Akzentuierungen. Der selbstlose Dienst im Symbol des Fußwaschens, das Teilen im Bild des Brotbrechens und auch das Verstehen-Schenken und Annehmen trotz Andersartigkeit, wie es das Pfingstbild beschreibt, sind in ihrem Kern eine Bewegung der sich im Hingeben, im Schenken und Beschenkt-Werden realisierenden Liebe.

Zusammenfassend bedeutet das für die christliche Asanapraxis, dass in den Übungen der Asanas, als Verwirklichung christlicher Grundvollzüge, die Haltung der Hingabe und derVorgang des Schenkens eingeübt und praktiziert wird. Im nachfolgenden Übungszyklus wird dieser Zusammenhang konkret beschrieben und verständlich gemacht.

Wie die Übungen sich auf den zentralen Vollzug von Schenken und Hingabe straffen lassen, so lässt sich umgekehrt dieser innerste Grundvollzug natürlich im Konkreten auch wieder differenzieren z.B. in die Haltung erwachsener Kindlichkeit, die Jesus zum Maßstab und Fundament seines Handelns gemacht hat: „Wer das Reich Gottes nicht so annimmt wie ein Kind, der wird nicht hineinkommen" (Mk 10,15). Aus seiner kindlichen Grundhaltung zum Vater konnte er diesen sichtbar machen: „Wer mich gesehen hat, hat den Vater gesehen" (Joh 14,9) und somit selbst Weg zum Vater sein: „Ich bin der Weg, die Wahrheit und das Leben" (Joh 14,6).

Was im Bereich des Nyama durch Beschäftigung mit den Schriften z.B. mit dem Neuen Testament sich im Einzelnen an Differenzierungen einer christlichen Grundhaltung der Liebe ergibt, wird in den Asanas seinen Niederschlag finden, bis hin zu dem sehr subtilen Ausdruck von Ästhetik, der die Ausführung prägen kann.

Durch Asanas zur Erfahrung des Göttlichen im Menschen

Diese zweite Grundeinsicht impliziert, allein schon aufgrund der leibseelischen Einheit des Menschen, dass das Element des Göttlichen sowohl auf den seelischen als auch auf den körperlichen Bereich anzuwenden ist. Es durchdringt beide Aspekte der menschlichen Existenz.

Im Bereich des Hinduismus ist dieser Satz seit dem Aufkommen der Yogarichtung des Tantra auch für die Qualifikation des Körpers keine außergewöhnliche Aussage mehr. Hier gilt es jedoch zu klären, inwieweit eine solche Aussage aus christlicher Sicht gemacht werden kann und worin die Qualifikation „göttlich" besteht.

Voraussetzung der Überlegung ist wieder die Existenz des Körpers als Realsymbol der Seele:
Das heißt, wie im Realsymbol das Symbolisierte nicht nur vertreten wird, sondern selbst anwesend ist, so ist im Körper immer auch die Wirklichkeit der Seele anwesend und umgekehrt. Die ganze Person findet ihren Ausdruck in ihrer leiblichen Wirklichkeit.
Dogmatisch ist festzuhalten, dass aufgrund der Inkarnation Gottes in Jesus Christus und durch die Sendung des Heiligen Geistes der Mensch in seinem innersten Kern göttlich und Tempel des Heiligen Geistes ist.
Die Wurzeln dieser Erkenntnis liegen in neutestamentlichen Aussagen:
So macht Paulus die Einwohnung des Göttlichen im Menschen deutlich, indem er schreibt: „Wisst ihr nicht, dass ihr Gottes Tempel seid und der Geist Gottes in euch wohnt? Wer den Tempel Gottes verdirbt, den wird Gott verderben. Denn Gottes Tempel ist heilig und der seid ihr." (1 Kor 3,16f) Und schließlich bekennt Paulus über sich selbst: „Ich bin mit Christus gekreuzigt worden; nicht mehr ich lebe, sondern Christus lebt in mir." (Gal 2,19f) Dieses „Christus lebt in mir" zeigt sich im Leben des Paulus nach seiner Bekehrung in einem unermüdlichen, selbstlosen, sich verschenkenden Einsatz, in dem er anderen die Botschaft zu bringen sucht, die sein eigenes Leben völlig verändert hat. Ohne Zweifel hat Paulus mit dem Bekehrungserlebnis vor Damaskus, das man auch als Vorgang der Selbstwerdung bezeichnen kann, zu seiner eigentlichen Seinsbestimmung gefunden, dem Sich-ganz-Verschenken für die Sache Jesu.

Man könnte also im Sinn des Yoga sagen, dass bei Paulus im Bekehrungserlebnis die Einheitserfahrung mit dem eigenen Selbst, die Selbstwerdung stattgefunden hat - ohne die Transzendenz einer Beziehung aufzuheben - und dass das Wesen dieses Selbst sich ausdrückt in der Aussage: „(...) nicht mehr ich lebe, sondern Christus lebt in mir." (vgl. oben) Allgemein gesprochen ist dieses „Christus lebt in mir" nichts anderes als ein Sich- verschenken-Wollen für andere: „Denn die Liebe Christi drängt uns (...)"(2Kor 5,14). Der göttliche Kern, der sich im Menschen entfaltet, ist die Dynamik der selbstlosen Liebe, einer Liebe, die sich auswirkt im Verschenken und Beschenkt-Werden.

Der Evangelist Johannes schreibt in einer mehr philosophischen Sprache inhaltlich über genau die gleiche Realität, dass alle, die den fleischgewordenen Logos aufnehmen und ihn lieben, als Kinder Gottes aus Gott geboren sind und dass Gott in ihnen wohnt: „Allen aber, die ihn aufnahmen, gab er Macht, Kinder Gottes zu werden, allen, die an seinen Namen glauben, die nicht aus Blut, (...) sondern aus Gott geboren sind" (Joh 1,12f). „Jesus antwortete ihm: Wenn jemand mich liebt, wird er an meinem Wort festhalten; mein Vater wird ihn lieben, und wir werden zu ihm kommen und bei ihm wohnen" (Joh 14,23).

Es geht wie schon bei Paulus um die als göttlich qualifizierte Dynamik der bedingungslos sich verschenkenden Liebe.

Dass dies nicht nur eine bibeltheologische Aussage von „damals" darstellt, sondern auch heute noch aktuell ist, zeigt sich z.B. in den Überlegungen eines Psychologen wie Carl Rogers. In seiner Psychologie stellt er als eine der Grundbedingungen für eine gelingende Therapie die Maxime von der „unconditioned positive regard", der bedingungslosen, wertschätzenden, um nicht zu sagen „liebenden" Grundhaltung auf, die der Therapeut seinen Klienten entgegenbringen soll. Damit ist der Rahmen eines reinen Dienstleistungsverhältnisses gesprengt, zugunsten der oben biblisch aufgezeigten und als göttlich qualifizierten Dynamik der bedingungslos sich verschenkenden Dynamik.

Wenn also das tiefste Wesen, die letzte Seinsbestimmung, das Göttliche der Seele die Entfaltung der Liebe ist, dann muss sich dies auch im Bereich des Körperlichen realisieren und zwar in dem Maße, in dem die Seele der Verwirklichung ihres innersten Wesens, oder anders ausgedrückt, der Einheitserfahrung mit ihrem Selbst näherkommt.

Da Seele und Leib in einem inneren Wechselspiel

sich gegenseitig ermöglichen und ausdrücken, kann man vom seelischen auf den leiblichen Bereich schließen und die hier behandelte Grundaussage so formulieren: In dem Maße, in dem Körperübungen Ausdruck dessen werden, was Liebe im tiefsten bedeutet, offenbart sich in den Asanas der menschliche Leib als göttlich, geschieht Selbstwerdung des Menschen in göttlicher Kraft.

Kundalini

Wer sich intensiver mit Yogaliteratur befasst, stößt früher oder später auf den Begriff der „Kundalini-Kraft", womit eine besondere Entfaltung der Körperenergien gemeint ist.

Im Blick auf das Phänomen des Aufsteigens dieser „Kundalini-Kraft", die z.T. als ein Ziel bzw. Zeichen der Vollendung auf dem Yoga-Weg angesehen wird, lässt sich erweiternd die These aufstellen, dass im Aufsteigen der Kundalini-Kraft die Realität des göttlichen Kernes im Menschen zu seiner höchsten Entfaltung findet bzw. das Aufsteigen der Kundalini-Kraft Ausdruck dieser Entfaltung ist. Diese Verwirklichung des göttlichen Lebens im Menschen geschieht also nicht nur im geistigen Gewahrwerden, in der mystischen Versenkung, sondern zugleich in einer dynamischen Verwandlung und Neuentfaltung der körperlich-geistigen Fähigkeiten, in einer von Ich-Fixierung befreiten, sich verschenkenden ganzheitlichen Ausrichtung. Ich betone hier bewusst „in einer von Ich-Fixierung befreiten, sich verschenkenden ganzheitlichen Ausrichtung", um diesen Vorgang abzugrenzen von dem Versuch, auf rein körperlichem Weg die Dynamik der Kundalini-Kraft zu wecken. Damit

würde man aus dem ganzmenschlichen Vollzug den körperlichen Aspekt als reine Technik isolieren, was sowohl einem christlich vollzogenen als auch einem rein hinduistischen Yoga widerspricht.

Diese Kraft kann sich in einem plötzlichen ekstatischen Erlebnis ausbreiten oder auch kontinuierlich im Alltag wachsen. So berichtet ein indischer Mönch: Eines Tages sagte jemand, ohne selber genau zu wissen, warum, irgendwie bist Du viel froher als früher und fühlst dich besser. Alles um dich herum scheint Dir zuzustimmen. Du fühlst den Drang zu lachen und zu singen. Du hast Lust auf die Arbeit und fühlst im gleichen Moment ein ganz neues Drängen in dir, etwas Großes zu vollbringen. Du spürst die Notwendigkeit, ganz aus dir heraus zu gehen und willst Deinen Horizont erweitern. Irgendwie bist du zu allen viel freundlicher, großzügiger und begeisterter. Deine gesamte Grundhaltung den anderen gegenüber hat sich verändert. Die Liebe ist geboren. Ja, Liebe ist geboren und das plötzliche Gefühl von gesund und heil sein zeigt, dass die Kundalini Kraft sich entfaltet hat in einem Menschen, der von nun an mit Leidenschaft nach Großem strebt. Von nun an wird sie auf einem Instrument spielen, das zugleich filigran und scheinbar unendlich weit ist: das Herz des Menschen.

Es gibt zahlreiche Techniken, um Kundalini zu aktivieren. Doch kann Technik allein - rein mechanische Praktiken - im Sinne der Ganzheitlichkeit und umso mehr im christlich verstandenen Yoga nicht der Weg sein, um diesen Bereich zu „stimulieren". Vielmehr geht es um ein Wechselspiel zwischen Alltag und Asanapraxis, in dem die christlichen Grundhaltungen mehr und mehr zur Entfaltung kommen. Dies ist nichts anderes als der innere Zusammenhang zwischen den Elementen Yama, Nyama, Asana, usw. bei Patanjali. So wird sich in einem christlichen Yoga Kundalini im Grad des Wachstums in der verschenkenden Liebe entfalten.

Das Ziel ist die Kontemplation

In den beiden vorherigen Abschnitten, zum Einüben christlicher Grundvollzüge und über die Erfahrung des Göttlichen im eigenen Innern, habe ich vor allem die dynamischen Aspekte und deren leib-seelische Implikationen gezeigt, die zum Tragen kommen, wenn sich die Dynamik gelebter Liebe im eigenen Leben entfaltet.

In diesem Kapitel soll nun die Dimension der Ruhe als Ort der Begegnung mit dem Göttlichen in den Blick genommen werden. Das Schweigen und die Stille dienen der Erkenntnis des göttlichen Urgrundes im eigenen Selbst und dem damit verbundenen Frieden. Spätestens jetzt wird unmittelbar deutlich, warum Yoga, um sein Ziel zu erreichen, letztlich die Kontemplation erstrebt. Die Ruhe des Geistes ist letztes Ziel der Yoga-Praxis. Keine Methode, die nicht die Ruhe des Geistes anstrebt, hat ein Recht, in irgendeiner Weise als „Yoga" bezeichnet zu werden. Denn der Weg zur Gotteserfahrung führt über die Kontemplation und die innere Stille auf dem Weg des Yoga. Im Blick auf den hier gewählten Schwerpunkt der Asanas, der Teil des Yogaweges ist, kann man noch spezifischer formulieren: Der Weg zur Gotteserfahrung führt über die Kontemplation und die innere Stille auf dem Weg der Asanas. Das stellt an die Asanas den Anspruch, diese Ruhe des Geistes vorzubereiten bzw. schon zu realisieren. Aus einer religiösen Grundhaltung heraus werden Denken, Fühlen und Wollen geprägt, werden Asanas zum stillen, hingebungsvollen Gebet, während sich der Übende der Welt des Dehnens und Spannens, des Öffnens und Schließens der Bewegung unmittelbar hingibt. Durch dieses bewusste Erleben erfolgt eine heilsame Reinigung des Nervensystems, und ein Empfinden der Ruhe erwacht.

Diese innere Ruhe kann sich also schon im Praktizieren der Asanas entfalten und damit deren Qualität und Ausdruck prägen. Zugleich können die Asanas auch eine Vorbereitung der Kontemplation bedeuten, die sich in den Bereichen Pranayama, Prathyahara, Dharana und Dhyana mit dem Ziel des Samadhi fortsetzt. In der ursprünglichen Bedeutung von Asana als Körperhaltung (für die Meditation), die besonders den Lotus-Sitz (Padmasana) hervorhebt, fallen beide Möglichkeiten zusammen. Hier ist die Körperstellung unmittelbarer Ausdruck und Hinführung zu Sammlung, Meditation und Versenkung.

Die Zielsetzung der Asanas ist also die Kontemplation, weil die Asanas selbst die Disposition zur Kontemplation schaffen und in ihnen diese bereits beginnt.

Prathyahara, Dharana, Dhyana, Samadhi

Parallelen zu diesen vier Bereichen finden sich bei den christlichen Mystikern und Theologen. Bilder, Sprachen und Systematisierung mögen sich unterscheiden, die Erfahrung aber, die sichtbar wird, weist unübersehbare Gemeinsamkeiten auf.

Ich möchte, stellvertretend für andere, Meister Eckhart und schließlich zusammenfassend Augustinus zu Wort kommen lassen.

Prathyahara

„Es muss notwendig so sein, dass, wenn die Seele von allen gewordenen Dingen abgekehrt ist, Gott in ihr glänzt und strahlt." (Meister Eckhart nach Reiter, 243)

Dharana

„So muss die Seele sein, in die Gott fließen soll, dass sie nach außen vor Behinderung bewahrt und innen in allen ihren Kräften geeint sei." (Ebd., 248)

Dhyana und Samadhi

„Wenn aber alle Bilder der Seele abgeschieden werden und sie nur noch das einige Eine schaut, dann findet das reine Sein der Seele in sich ruhend das reine formfreie Sein göttlicher Einheit, das ein überseiendes Sein ist. O Wunder über Wunder, welch edles Erleiden ist es, wenn das Sein der Seele nichts anderes ertragen kann als einzig die Einheit Gottes." (ebd., 241)

Augustinus

In seinen Bekenntnissen schreibt Augustinus zusammenfassend:

Ich will auch diese meine Kraft, Gedächtnis genannt, übersteigen, um hinzustreben zu Dir, süßes Licht (X,17.26).

Deine Rechte hat mich aufgegriffen in meinem Herrn, dem Menschensohn, der Mittler ist, damit ich dem Einzigen nachfolgend, ohne Zerstreuung gemäß einer gesammelten Hinwendung jener „Palme der Berufung von oben nachstrebe", „wo ich den Lobgesang hören und Deine Wonne betrachten" werde, die weder kommt noch vergeht (XI, 29.39).

Ich stieg so stufenweise empor von den Körpern zu der durch den Körper führenden Seele und von da zu deren innerer Kraft, der die Körpersinne das Äußere melden und von da weiter zum Verstandesvermögen. Dieses Vermögen erkannte sich in mir als noch immer veränderlich und erhob sich zu seiner geistigen Selbstdurchdringung und lenkte die Vorstellungskraft von ihren Argwöhnungen ab, entzog sich den Widersprüchen des Getümmels der Phantasie, um dabei zu entdecken, von welchem Licht es selbst überströmt wurde. Wenn es, ohne zweifeln zu können, verkündete, das Unveränderliche sei dem Veränderlichen vorzuziehen: woher kannte es dann das Unveränderliche? Hätte es dieses nicht irgendwie erkannt, es hätte es unmöglich mit Sicherheit dem Veränderlichen vorziehen können; und so gelangte es zu dem, was ist: Im Blitz eines erschaudernden Anblicks.

Damals habe ich wahrlich Dein Unsichtbares als einsehbar, durch das Geschaffene hindurch, erschaut, aber den Blick darauf festzuhalten vermochte ich nicht, und wenn der Rückschlag meiner Schwäche mich ins Gewohnte zurückversetzte, trug ich in mir nur ein liebendes Andenken, gleichsam wie den erregenden Duft einer Speise, die zu genießen ich noch nicht fähig war. (VII,17.23)

Übungszyklus

Gebet des Körpers

Ein Zyklus aus 14 verschiedenen Asanas soll die mehr grundsätzlich-systematischen Überlegungen nun im Konkreten veranschaulichen.
Die Reihenfolge der Übungen ist nicht zufällig gewählt, sondern entspricht einer inneren Dynamik. So stehen am Beginn des Zyklus stärker spannkräftige Übungen, die besonders Entschlossenheit und aktiven Einsatz betonen. Später folgen Gleichgewichtsstellungen und andere Übungen, die mehr und mehr Sensibilität, Wahrnehmung und schließlich die stille Sammlung fördern.
Bei allen Asanas geht es um eine Ausführung, die durch eine Grundhaltung des liebenden Sich-Verschenkens geprägt ist. Dementsprechend kommt es bei keiner Übung primär auf technische Perfektion und das Erreichen einer bestimmten Leistung an, sondern die Ästhetik der Erscheinung und das eigene Erleben verändern sich in Relation zum Wachstum in der genannten Grundhaltung. Wer nur äußerlich seinen Körper trainiert, wird feststellen müssen, dass die Wirkung dieses Übens analog mit dem Nachlassen des Übens ebenfalls zurückgeht, was viel weniger der Fall ist, wenn mit dem körperlichen Üben das Einüben entsprechender seelischer Grundhaltungen einhergeht. Die Seele prägt den Körper. Dies kann auf dem Yogaweg zur faszinierenden Erfahrung werden.
Ist das Üben anfangs vielleicht stärker durch willentliches Bemühen geprägt, stellt sich im Laufe der Zeit mehr und mehr die Frucht von Erfahrung, Bewusstwerdung und innerer Wandlung ein.
Die wachsende Fähigkeit, die geistig-seelische Dimension der körperlichen Vollzüge und Gestik zu erspüren, ist Teil des Yoga-Weges selbst.
Mit jeder Körperhaltung korrespondiert eine geistig-seelische Haltung, auch Gott gegenüber. Hier liegt die Verbindung von körperlicher Übung und Gebet, dessen Entwicklungsziel das liebende Schauen, die Kontemplation ist.
Versuchen Sie bei jeder Übung herauszufinden, welche Einstellung zu Gott die neue Körperhaltung ausdrücken kann. So entfaltet jeder körperliche Bewegungsablauf einen realen Symbolgehalt. Je mehr ich für ihn offen bin und ihn suche, desto mehr werde ich ihn mit meinem ganzen Wesen ausfüllen. Das ist Gebet des Körpers.

1. Die Entspannungslage (Savasana)

Am Beginn der Übungsreihe steht die Entspannungslage. Dabei liegt der Körper regungslos ausgestreckt in der Rückenlage auf dem Boden. Die Beine sind ein wenig geöffnet und die Füße fallen leicht nach außen. Die Arme befinden sich in bequemem Abstand neben dem Rumpf mit den Handflächen nach oben. Durch die bewusste Entspannung und Wahrnehmung des Körpers werden die Gedanken gelöst und können zur Ruhe kommen. So führt die Entspannung zum Verweilen in der Gegenwart.

Entspannung ist die Voraussetzung für tiefes inneres Erleben. Dem körperlichen Wahrnehmen, Entspannen und Loslassen entspricht auch das geistige Wahrnehmen der eigenen Befindlichkeit, der Gefühle und Haltungen sowie das Annehmen und Zulassen derselben. Nichts deutet in dieser Stellung auf ein Erreichen-Wollen, etwas leisten müssen oder - theologisch gesprochen - auf Selbsterlösung hin. Der Vorgang entspricht dem Zulassen der eigenen Realität und ihrer Bejahung. Selbstliebe, aus der heraus erst authentische Nächstenliebe erwächst: „Du sollst deinen Nächsten lieben wie dich selbst" (Mk 12,31; Lev 19,18). Diese Selbstliebe wurzelt in der bewussten Annahme der eigenen Realität. Statt Selbsterlösung entspricht dieser Vollzug dem Zulassen der Gnade. Die gesamte Übung ist ein Innehalten, bei dem Selbsterkenntnis geschieht. Eine entsprechende Situation im Neuen Testament ist zum Beispiel die Begegnung Jesu mit der Samariterin am Jakobsbrunnen (Joh 4,1-26). Signifikante Elemente sind auch hier: Innehalten, Gewahrwerden, Selbsterkenntnis und Annahme. Annahme geschieht in der Erfahrung des Angenommen-Werdens durch einen „Größeren". Dem entspricht eine weitere Erfahrung, die uns diese Entspannungshaltung eröffnet: In der Wahrnehmung des Körpers, der auf dem Boden ruht und von diesem getragen wird, liegt die - hinduistisch gesprochen - kosmische Erfahrung des Getragenseins vom Urgrund allen Seins. Christlich ausgedrückt ist das die Erfahrung des Getragenseins vom Vater.

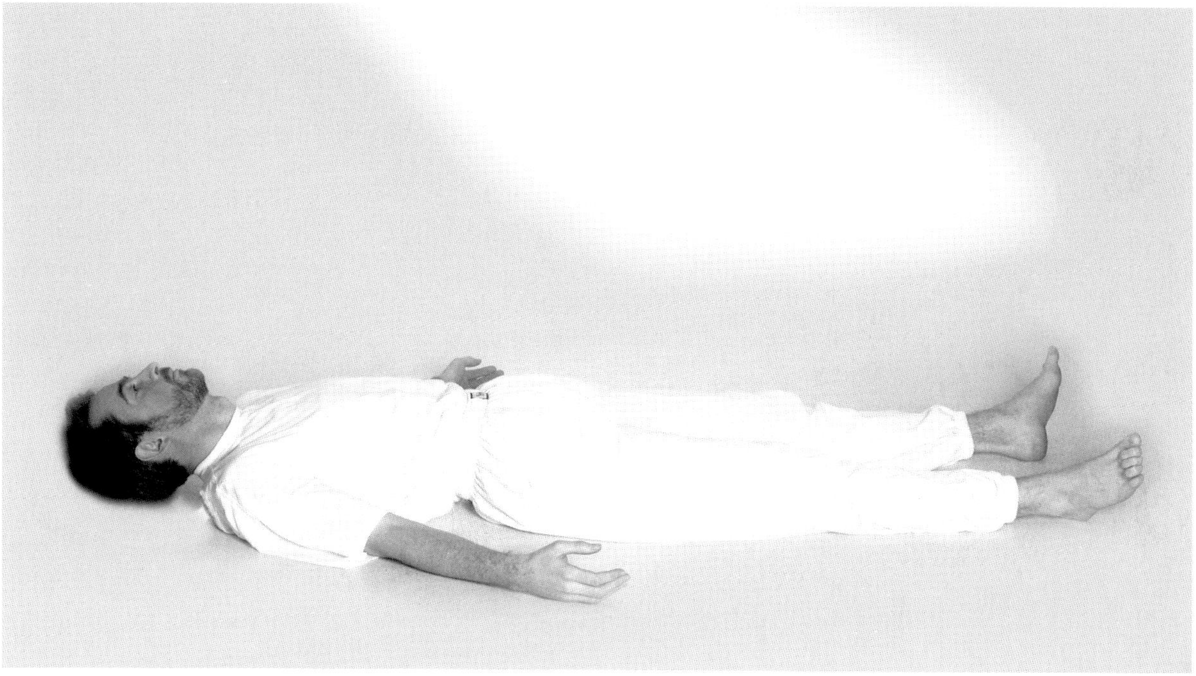

2. Der Neuanfang (Yogamudra)

Im Gegensatz zur Entspannungslage handelt es sich hier um eine dynamische Übung, deren Bewegungsablauf parallel zum Atem verläuft. Ausgangsstellung bildet der Fersensitz, wobei eine Hand das Handgelenk der anderen Hand hinter dem Rücken umfasst. Mit dem Ausatmen wird der gesamte Oberkörper so gestreckt wie möglich nach vorne geführt, bis die Stirn den Boden berührt. In dieser Stellung verharrt der Übende, bis sich der Impuls zum Einatmen einstellt und er dann den Oberkörper in die aufrechte Ausgangsstellung zurückführt. Mit dem nächsten Ausatmen beginnt der beschriebene Bewegungsablauf von neuem.
Dem körperlichen Ausatmen entspricht das gedankliche Leerwerden, das Loslassen von Altem, von Gedanken, Sorgen, Vorurteilen usw. Das Einatmen drückt die Bereitschaft aus, Neues aufzunehmen, unbelastet an Dinge heranzugehen, neu Kraft zu schöpfen.
Um diesen Vorgang noch bewusster zu vollziehen, kann man analog zum Aus- und Einatmen geistig einen Satz wie: „Altes loslassen - Neues empfangen" vergegenwärtigen und wiederholen. Dieses unvoreingenommene Ja-Sagen kann sich auch auf die Vater-unser-Bitte, „dein Wille geschehe", beziehen. Durch längere Praxis wird diese die eigene Grundhaltung bis in Schichten des Unterbewussten hinein prägen. Daher ist es auch bei anderen Übungen zu empfehlen, analog zum Atem, der ja überall gegenwärtig ist, solche Sätze, auch Mantras genannt, in geistiger Weise zu wiederholen. Folgende Beispiele können beliebig ergänzt werden:

„Preiset den Herrn – singt dem Herrn ein
neues Lied" (Ps 149,1),
„Wie groß sind deine Werke , o Gott -
wie tief sind deine Gedanken" (Ps 92,5),
„Jesus Christus, Sohn Gottes - erbarme
dich meiner",
„Vater unser - Dein Wille geschehe",
„Gott von Gott - Licht vom Licht",
„Heiliger Geist - Verzehrendes Feuer".

3. Das Sonnengebet (Surya Namaskar)

Dies ist ein Zyklus, der aus 12 aufeinanderfolgenden Stellungen besteht:

1. Ausgangsstellung ist der aufrechte Stand. Die Beine sind geschlossen, die Hände auf Herzhöhe gefaltet.

2. Die Arme wachsen gestreckt über den Kopf nach oben, wobei die Handflächen zusammenbleiben. Der Kopf befindet sich entsprechend der Gesamtbewegung leicht nach oben gerichtet zwischen den Armen. Der Körper gelangt so, während man einatmet, in eine halbmondartige Streckung, die sich bis in die Fingerspitzen fortsetzt.

4. Mit dem folgenden Einatmen wird das rechte Bein weit nach hinten geführt, während man zugleich die Rückenpartie aufrichtet. Die Hände bleiben, wie auch in den folgenden Stellungen, an der gleichen Stelle auf dem Boden.

3. In einem weiten Bogen gleitet der Oberkörper nun gestreckt nach vorne und hinab, bis die Handflächen vor oder neben den Füßen den Boden berühren. Gleichzeitig wird ausgeatmet.

5.Nun werden beide Beine parallel nach hinten geführt, bis sich der Körper, gestützt auf die geraden Arme, in einer durchlaufenden Streckung befindet und eine schiefe Ebene bildet. Der Atem wird dabei angehalten.

6. Knie, Brustkorb und Stirn werden nacheinander auf den Boden gesetzt. Die Schultern ruhen über den Händen. Gleichzeitig wird ausgeatmet.

8. Während man ausatmet, wird mit Hilfe von Beinen und Armen die Hüfte nach oben geführt, sodass der Körper ein Dreieck bildet.

7. Mit entspannten Schultern gleitet der ganze Körper auf den Boden. Dann wird der Rücken im Einatmen zu einem gespannten Bogen aufgerichtet. Der Kopf liegt im Nacken. Die Hände ruhen auf dem Boden, sollen aber nicht als Stütze gebraucht werden.

9. Nun wird der linke Fuß nach vorne zwischen die Handflächen geführt und der Oberkörper aufgerichtet. Gleichzeitig wird eingeatmet.

10. Dann wird ausatmend der linke Fuß nach vorne geführt und der Körper gelangt in die unter 3. beschriebene Stellung.

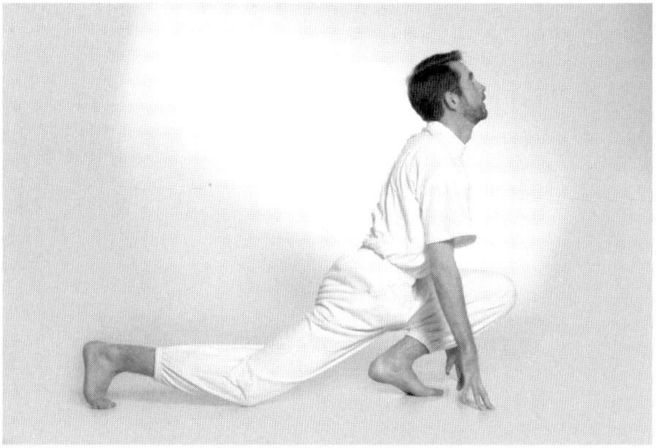

11. Wie in 2. folgt eine halbmondartige Streckung nach hinten. Mit einem tiefen Einatmen wird der Körper ganz in die Bewegung hineingegeben.

12. Ausatmend findet der Übende in den einfachen Stand zurück.

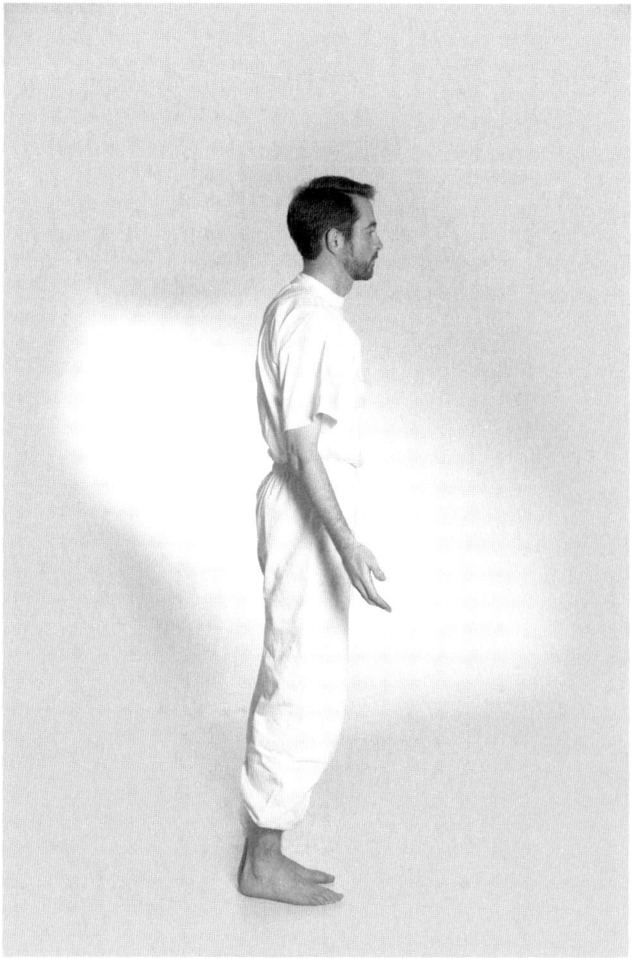

Während anfangs jede Teilübung mehr oder weniger einzeln eingeübt werden muss, folgt mit der Zeit ein in sich geschlossener, fließender Bewegungsablauf. Je nach Grundeinstellung kann das Gesamtbild sehr unterschiedlich aussehen. Gibt sich der Übende ganz in den Bewegungsablauf hinein, drückt der Zyklus in vitaler Weise Einsatzfreude, Bereitschaft und Entschlossenheit aus. Die Bereitschaft, sich zu verschenken, wird erfahrbar im Erlebnis, wie der Körper mit voranschreitender Übung kraftvoll und scheinbar unermüdlich Energie zur Verfügung stellt und so dieses lebendige Spiel von Strecken und Beugen ermöglicht. Im Laufe der Zeit kann sich eine große Leichtigkeit der Bewegungen einstellen, so dass die Übung einem rhythmisch beschwingten Tanz in scheinbarer Schwerelosigkeit gleicht. Das Bild von der unbeschwerten „Freiheit der Kinder Gottes" drängt sich förmlich auf. „Ahmt Gott nach als seine geliebten Kinder, und liebt einander" (Eph 5,1f). „(...) einst wart ihr Finsternis, jetzt aber seid ihr durch den Herrn Licht geworden. Lebt als Kinder des Lichts. (...) lasst euch vom Geist erfüllen! (...) Singt und jubelt aus vollem Herzen zum Lob des Herrn! Sagt Gott, dem Vater, jederzeit Dank" (Eph 5,8-20). Statt einem abwartenden Fatalismus entspricht dieser Zyklus aktivem Einsatz und Engagement, wie es z.B. im Gleichnis von den Talenten zum Ausdruck kommt. „Sofort begann der Diener, der fünf Talente erhalten hatte, mit ihnen zu wirtschaften, und er gewann noch fünf dazu. (...) sein Herr sagte zu ihm: Sehr gut, du bist ein tüchtiger und treuer Diener" (Mt 25,15-21).

In dieser Asana kann der Körper zu einem lebendigen Ausdruck des Gebetes werden, das in tatkräftiges Gestalten mündet. Wie der Name andeutet, kann das Sonnengebet in Richtung der Sonne, die allgemein für das Göttliche - und christlich für Christus selbst - steht, ausgeführt werden.

Besonders sinnfällig gestaltet sich das Sonnengebet am Beginn des Tages, am besten vor der aufgehenden Sonne - sei es geistig oder real - als Ausdruck der schenkenden Bereitschaft, den Tag ins göttliche Licht, d.h. im Glauben und aus der Beziehung zu Christus heraus aktiv zu gestalten.

So wird im Sonnengebet in besonders eindrucksvoller Weise das rein Natürliche des Körpers auf das Göttliche hin ausgerichtet und durchlässig: Das aktive Einüben christlicher Grundhaltungen, besonders der Bereitschaft zum liebenden Schenken und darin die Erfahrung der Einwohnung des Göttlichen im Menschen. Mit der innerseelischen Ausrichtung geht das äußere Erscheinungsbild einher. Das liebende Sich-Verschenken, im Blick auf Christus in die Übung hineingelegt und durch die Übung tiefer vollzogen, zeigt sich in der Ästhetik, die die gesamte Übung prägt.

In dem völligen Einssein des Übenden mit seinem Bewegungsablauf kann, verbunden mit einer sich ausprägenden Selbstvergessenheit[1], das Element der Kontemplation beginnen oder auch einfach für Momente auftauchen.

---

[1] Selbstvergessenheit ist hier nicht im Sinn einer Auflösung der Persöhnlichkeit und der Polarität von Ich und Du gemeint, sondern vielmehr ähnlich einer vorreflexiven Selbstverständlichkeit des Mit-sich-eins- und Im-Reinen-Seins.

4. Die Waage (Virabhadrasana)

Erst wenn die Fixierung der Gedanken gelöst wird und die Körperwahrnehmung sich stärker entfaltet, gelingt ein müheloses, sicheres Stehen in dieser Haltung. Das gedankliche Hinterfragen, ob das Gleichgewicht wohl gelingt, will ersetzt werden durch eine nicht mehr hinterfragende, sondern sorglose, kindlich vertrauende Haltung. „Wenn ihr nicht umkehrt und wie die Kinder werdet ..." (Mt 18,3). „Sorgt euch nicht um euer Leben und darum, dass ihr etwas zu essen habt, (...). Euch jedoch muss es um sein Reich gehen; dann wird euch das andere dazugegeben." (Lk 12,22-31)

Aus dem aufrechten Stand werden beide Arme gestreckt über den Kopf geführt, wobei sich die Handflächen berühren. Nachdem das Gewicht des Körpers ganz auf den rechten Fuß verlagert wurde, wird das linke Bein gestreckt nach hinten in die Höhe geführt, während zugleich der Oberkörper, verlängert durch die gestreckten Arme, nach vorne in die Waagerechte gebracht wird. Die Konzentration richtet sich auf die Wahrnehmung des Körpers in der Hüftgegend, dem Drehpunkt und Zentrum der Bewegung.

Diese Übung erfordert und fördert eine große innere Ausgeglichenheit, sowohl was den emotionalen Bereich angeht, wie auch im Blick auf das Verhältnis von Denken und Körperwahrnehmung. Wer in Gedanken verhaftet oder gar abgehoben ist, wird das Gleichgewicht dieser Übung kaum halten können.

5. Der Kopfstand (Sirshasana)

Der Kopfstand gehört zu den beeindruckendsten Yoga-Übungen. Sie erfordert Charakterstärke und Mut, denn man muss zunächst innere Widerstände überwinden, um sich auf diese Stellung einzulassen. Umgekehrt formt sie aber auch in starker Weise den Charakter.

Mit den Füßen in der Luft, den reglosen Körper nach oben gestreckt, fühlt man sich im Vollbesitz, in der Kontrolle seiner selbst. Ein Gefühl der Ruhe durchfließt einen. Der Kopfstand hat sehr viel mit Sorglosigkeit, Vertrauen und Überwindung von Ängsten zu tun. Er gibt dem Übenden ein sicheres Gefühl für körperliches Gleichgewicht und hilft ihm, Ängste abzubauen. Der Umgang mit den körperlich naheliegenden Ängsten eröffnet einen Zugang zur Arbeit an Ängsten im seelisch-geistigen Bereich. Selbst im Kampf gegen Minderwertigkeitskomplexe ist der Kopfstand eine wertvolle Hilfe. Seelische Stabilität und der vertiefte Zugang zum eigenen Urvertrauen sind Früchte dieser Übung. Sie bietet eine konkret gangbare Brücke zwischen dem Phänomen der Angst und der zentralsten aller christlichen Grundhaltungen, der Liebe. So heißt es im Johannesevangelium: „Furcht gibt es in der Liebe nicht, sondern die vollkommene Liebe vertreibt die Furcht" (1 Joh 4,18).

Ausgangsstellung ist der Fersensitz. Zunächst wird mit den Unterarmen und den Händen ein gleichseitiges Dreieck geformt, wobei die Finger ineinander greifen und somit den Kopf stützen, der mit dem Scheitel nach unten auf den Boden aufgesetzt wird. Als nächstes wird der Rumpf in umgekehrter Stellung aufgerichtet, während die Füße in kleinen Schritten möglichst weit nach vorne bewegt werden und immer mehr Gewicht auf Kopf und Arme verlagert wird. Schließlich werden die Füße vom Boden abgehoben und in einer langsamen Bewegung nach oben bis in die völlige Streckung geführt.

6. Der Pflug (Halasana)

Durch die Krümmung der Wirbelsäule und das damit gegebene Einengen des Brustkorbes wird die Aufmerksamkeit unwillkürlich auf den Atem gelenkt bzw. kann ganz mit diesem verschmelzen und dabei mit der rhythmischen Welle des Atems in den eigenen Innenraum eintauchen. Neben dem anfänglich vorherrschenden Erleben von Enge, Spannung oder gar Bedrängnis verbreitet sich nach kurzer Zeit mehr und mehr das Bewusstsein des In-sich-gekehrt-Seins und der Wahrnehmung des eigenen Rhythmus.

So steht diese Übung vor allem für Rückbesinnung, Einkehr, vertiefte Selbstfindung, Rückkehr zur eigenen Mitte und damit auch für potentielle Veränderung, Umkehr und Neuaufbruch.

Als entsprechende Stelle im Neuen Testament bietet sich vor allem die Zachariasbegebenheit an, in der Einkehr, vertiefte Selbsterkenntnis und Neuaufbruch einander bedingen und herausfordern. Statt dem Beobachten aus sicherem Abstand vom Baum aus kommt es zur Begegnung im eigenen Haus, was wohl zunächst mit einem beträchtlichen Gefühl der Enge verbunden war. Doch führt diese Enge, die Begegnung mit Jesus im „Haus des eigenen Lebens" zu tieferer Einsicht, Umkehr und weitreichenden Konsequenzen. Als regelmäßig in diesem Bewusstsein vollzogene Übung wird die Grundhaltung von Umkehr und die Erfahrung eigener Wandlung mit dem leiblichen Vorgang einhergehen.

Für den Pflug nimmt man zunächst die Rückenlage ein. Die Beine sind geschlossen und die Hände ruhen neben dem Körper auf dem Boden. Mit dem Ausatmen werden die Beine gestreckt nach oben geführt, wobei sich auch der Oberkörper umgekehrt aufrichtet. Schließlich werden die Beine hinter dem Kopf wieder abgesenkt. Die Arme bleiben am Boden gestreckt. Die Finger werden ineinander verschränkt.

7. Die Kopf-Knie-Stellung (Paschimothanasana)

„Wenn ihr nicht werdet wie die Kinder, könnt ihr nicht in das Himmelreich gelangen". Die Kopf-Knie-Stellung sowie die beiden folgenden Übungen, „Stellung des Kindes" und der „Halbmond" bringen uns mit Wesenszügen in Kontakt, die dem urwüchsigen, gesunden Kind entsprechen, in uns Erwachsenen aber oft verschüttet sind. Dass dieser Entfremdungsprozess nicht nur in unserer modernen Leistungs- und Konsumgesellschaft geschieht, zeigt die oben zitierte jesuanische Aussage vom Kindsein, das Voraussetzung ist, um in das Himmelreich zu gelangen. Dabei hat Kindsein nichts mit Weichlichkeit zu tun, sondern mit gesunder Kraft und unverkrampfter Vitalität.

So kommt es in der Kopf-Knie-Stellung auf Entschlossenheit und Einsatz an, der jedoch - so paradox dies klingt - nicht mit Leistungsdenken und äußerem Erreichen-Wollen zu verwechseln ist. Die Wirbelsäule gibt nach, sobald sich der entschlossene Einsatz mit Loslassen, Hineinhorchen in den Körper, kindlicher Gelassenheit und Unbeschwertheit als einer Haltung verbindet. Was hier vielleicht sehr theoretisch klingt, kann in der Praxis in verblüffender Weise erlebt werden, verbunden mit der Erfahrung, dass man dem eigenen Körper nichts vormachen kann. Vielmehr bildet der Körper einen unmissverständlichen Anzeiger der eigenen geistig-seelischen Verfasstheit. Die Kopf-Knie-Stellung ist in besonderem Maß eine Übung des kraftvollen sich selbst Loslassens und Schenkens.

Ausgangspunkt der Ausführung ist die Sitzhaltung, bei der die Beine geschlossen nach vorne gestreckt sind. Die Arme werden nach oben geführt. Dann greifen sie mit dem gestreckten Oberkörper weit nach vorne hinaus, wobei der Bewegungsansatz im Bereich der Lendenwirbelsäule liegt. Der Bauch bewegt sich in Richtung Oberschenkel und der Kopf zu den Füßen. Schließlich werden die Füße von den Händen umfasst, und der Kopf berührt die Knie oder die Schienbeine. Die Wirbelsäule verharrt in einer gespannten Streckung, die sich vom unteren Wirbelsäulenbereich her aufbaut.

8. Die Stellung des Kindes

Aus dem Fersensitz wird der Oberköper in gestreckter Haltung nach vorne geführt, bis die Stirn den Boden berührt. Die Arme ruhen, nach hinten gerichtet, entspannt neben dem Körper. Alle Muskelpartien können nun entspannt und gelöst werden.

Der Name der Übung sagt sehr viel über ihr Wesen aus. Und doch zeigt sie eine ganz andere Facette als die vorangegangene Übung der Kopf-Knie-Stellung. An die Stelle des mit großer Anstrengung verbundenen Einsatzes tritt in der „Stellung des Kindes" das Element der Entspannung und Erholung im völligen Loslassen möglichst aller Muskelpartien. Tatsächlich ruht der Körper ohne jede Muskelanspannung stabil in dieser Stellung. Stabilität und Sicherheit gründen nicht im eigenen Tun, sondern können als von außen gegeben erfahren werden. Der Übende erlebt sich als getragen in der Wahrnehmung des Bodens, auf dem er ruht und ebenso im Gewahrwerden von Atem und Puls, die ohne aktives Zutun ohne Unterbrechung und ohne Ende weiterfließen. Im Erfahren dieser Realität und durch das eigene bewusste Hineingeben in diese Gegebenheiten kann sich kindliches Vertrauen entfalten. Der Impuls dazu liegt im Wesen der Übung selbst.

Der reale Symbolgehalt dieser Übung entspricht dem Bild der Gotteskindschaft, das Jesus in der Bergpredigt zeichnet:

„Selig, die arm sind vor Gott; denn ihnen gehört das Himmelreich. Selig, die Trauernden; denn sie werden getröstet werden. Selig, die keine Gewalt anwenden; denn sie werden das Land erben. Selig, die hungern und dürsten nach der Gerechtigkeit; denn sie werden satt werden. Selig die Barmherzigen; denn sie werden Erbarmen finden. Selig, die ein reines Herz haben; denn sie werden Gott schauen" (Mt 5,3-8).

9. Der Halbmond (Anjaneyasana)

Anfangs erfordert es Mut, sich ohne Abstützen in die weite Beugung nach hinten zu begeben. In einer weiteren Phase will das eigene Loslassen mit einem kräftigen Impuls, der den Bogen in eine starke Spannung bringt, verbunden sein. Dabei birgt äußere Kraftanstrengung lediglich die Gefahr von Verletzungen an einer überdehnten Wirbelsäule. Völlig anders gestaltet sich der Vorgang, wenn anstelle dieses leistungsorientierten Erreichen-Wollens ein kindliches Staunen über die bereits erlangte Stellung und das innere Hineinfühlen in die Bereiche der Wirbelsäule tritt, wodurch ähnlich dem Autogenen Training sich durch Wahrnehmung Entspannung und Gelöstheit einstellen. Im äußeren Erscheinungsbild verschwindet die herausgedrückte „Heldenbrust" zugunsten eines sichtbaren Kleiner-Werdens und Hinabsinkens nach hinten. Wiedersteht vor allem eine kindlich entschlossene, vertrauende und zulassende Grundhaltung im Vordergrund. Diese geistige Haltung einer Person schlägt sich unmittelbar in der Flexibilität der Wirbelsäule nieder. Nicht umsonst hat dieses Phänomen bis in Sprachprägungen hinein Eingang gefunden, wo man z.B. von Halsstarrigkeit oder starkem Rückgrat spricht. Statt der eisernen Disziplin und Starrheit des sprichwörtlichen preußischen Soldaten ist die Geschmeidigkeit des Kindes gefragt. In die gleiche Richtung weist der Mentalitätstyp des östlichen Menschen, speziell des Japaners, der gelegentlich mit dem Bambus verglichen wird, welcher sich bei Widerstand und Sturm bis zum Boden neigen kann, sich aber hinterher wieder ungebrochen aufrichtet. Der spirituelle Übungsweg ist auch hier nicht mechanisches Körpertraining, sondern ein ganzheitlich spirituelles Wechselspiel von Körperübungen und der Einübung einer kindlichen Grundhaltung im Alltag.

Der Halbmond gehört wieder zu den spannkräftigen Übungen. Ausgangsstellung bildet der Kniestand. Zunächst wird das rechte Bein nach vorne gestellt und das Körpergewicht auf dieses verlagert. Dann werden die Hände mit den Handflächen zusammengelegt und mit gestreckten Armen nach oben geführt. Immer mehr in die Länge wachsend, wölbt sich der Körper rückwärts in die Streckung, so dass der Rumpf mit den Armen bis in die Fingerspitzen hinein einen halbmondförmigen Bogen bildet. Im Zusammenwirken von Spannkraft und sensiblem Einfühlen und Loslassen werden Widerstände im Bereich von Schultern und Rücken langsam nachgeben. Statt in die Höhe wächst der Körper, sichtbar kleiner werdend, nach hinten.

10. Der Drehsitz (Matsyendrasana)

Diese Stellung hat, wie die Beschreibung der Ausführung schon vermuten lässt, etwas Ungewohntes an sich. Das Gewohnte wird durch etwas bisher nicht Gekanntes erweitert. Dies wird möglich durch Flexibilität in der Wirbelsäule, im seelisch-geistigen Bereich und einer damit verbundenen Toleranz, die auch Ungewohntes, eine neue Blickrichtung, erlaubt. De facto ermöglicht diese Übung, was die Blickrichtung angeht, mehr als einen 360° Rundblick, was man gewöhnlich nur gewissen Eulenvögeln zutraut.

Die Entsprechung dieses physischen Horizontes ist ein für neue Perspektiven offener geistiger Horizont, der Engstirnigkeit, Fixierungen am Buchstaben und andere Engführungen zu durchschauen und aufzusprengen weiß. Auch dies kann man wohl als eine zutiefst jesuanische Fähigkeit und Haltung bezeichnen. So weist Jesus schon als 12-jähriger im Tempel seine Eltern auf die Frage: „Kind, wie konntest du uns das antun ?" (Lk 2,48) darauf hin: „Wusstet ihr nicht, dass ich in dem sein muss, was meinem Vater gehört?" (Lk 2,49) In der Erzählung vom barmherzigen Samariter erfährt gerade der traditionell gering geachtete Samariter die Heldenrolle, weil er aus einem anderen Paradigma handelt als die offiziellen Gottesmänner; und schließlich stellt die Bergpredigt, durch den Horizont umfassender Liebe, geltende Verhaltensweisen und Urteilsmuster völlig auf den Kopf: „Selig, die keine Gewalt anwenden; denn sie werden das Land erben" (Mt 5,5). Ob man den Drehsitz somit „Asana der Fähigkeit zur Erneuerung" nennen darf? Mit Sicherheit wird eine in alten Formen und Denkmustern verhärtete Person diese Asana weder ausführen können noch wollen.

Aus dem Fersensitz setzt sich der Übende rechts neben die Füße. Dann wird der linke Fuß vor das rechte Knie auf den Boden gestellt. Beide Arme werden nach oben in die Streckung geführt. Mit aufgerichtetem und zugleich entspanntem Oberkörper beginnt nun die Drehung nach links, wobei der linke Arm, der Bewegung der Wirbelsäule vorausgehend, in einem weiten Bogen nach hinten zum Boden fährt. Entsprechend der Drehung wird auch der rechte Arm nach links bewegt und kommt mit dem Unteram an die Außenseite des linken Oberschenkels zu liegen. Die Drehung geschieht nicht nur im oberen Teil, sondern ist entlang der gesamten Wirbelsäule zu vollziehen. Wenn dies mühelos gelingt, kann die rechte Hand auf dem linken Fußrücken abgelegt werden und später von außen unter der linken Kniekehle durchgreifen und die linke Hand fassen.

11. Der Kreis des Herzens

Der „Kreis des Herzens“ wird im Fersensitz ausgeführt. Er ist eine sehr ruhige Übung. Der Atem fließt gelöst und gleichmäßig. Die Ellenbogen liegen entspannt am Oberkörper an, während die Unterarme waagerecht nach vorne gerichtet sind und in die in empfangender Haltung nach oben geöffneten Handflächen münden. In der Vorstellung ruht ein großer Kreis auf den Händen. Langsam tasten die Hände nun den vollen Umfang des Kreises ab, bis sie sich hoch über dem Kopf treffen und langsam in entgegengesetzter Bewegung zurück in die Ausgangsstellung finden.

Wie der Kreis symbolisch für das geistige Herz steht, das anderen Menschen in sich einen Raum gewährt und Geborgenheit schenkt, so kann sich der Übende geistig mit Menschen seines Bekanntenkreises verbinden, während er den Kreis abtastet. Dabei spürt er den Empfindungen nach, die bei diesem Vorgang im Blick auf eine bestimmte Person aufsteigen. Entsprechend der Verschiedenheit menschlicher Beziehungen kann die Bandbreite von Abwehrgefühlen bis hin zu geistiger Umarmung führen.

Entsprechend der eingangs erwähnten Struktur des Zyklus' liegt der Schwerpunkt nun weniger auf spannkräftigem Einsatz als auf dem Wachstum der Sammlung, der Sensibilisierung und tieferer Wahrnehmung. Es entfaltet sich ein Erleben, das immer stärker den Bereich des Unterbewussten erreicht. Dies liegt zum einen am Charakter der Übungen selbst und wurde auf der anderen Seite durch das Einlassen auf die vorangegangenen Übungen und der daraus resultierenden Wirkungen vorbereitet. Diese ähnelt sehr dem Vorgang beim Autogenen Training, wo aufgrund der schrittweisen Entspannung mehr und mehr ein Körperbewusstsein geschaffen wird und in der Ruhe der Entspannung schließlich das Unterbewusstsein und symbolisches Erleben zugänglich werden.
Befindet sich der Übende bereits in der angesprochenen sensiblen Sammlung und Wahrnehmungsfähigkeit, so wird er bei der Vergegenwärtigung einer ihm bekannten Person sehr deutlich sein Verhältnis zu ihr auf der emotionalen Ebene wahrnehmen und unmittelbar erleben können. Durch dieses Anschauen, Wahrnehmen und Zulassen wird eine Vertiefung der inneren Verbundenheit bzw. das Verarbeiten von Spannungen und Konflikten möglich. Hier wird in besonders unmittelbarer Weise die soziale Dimension christlicher Asanas deutlich. Es handelt sich bei dieser Übung um aktive Beziehungsarbeit, unter Umständen sogar um existentielle Konfliktbearbeitung, die bis auf die Ebene des Unterbewusstseins einwirkt und damit elementar verändernd sein kann.
Die christlich geforderte Praxis der Versöhnung kann hier in einer den ganzen Menschen erfassenden Weise geübt werden bzw. ihren entscheidenden Ausgangspunkt für entsprechende Gespräche und Handlungen nehmen. „Wenn du deine Gaben zum Altar bringst und dir dabei einfällt, dass dein Bruder etwas gegen dich hat, (...) dann geh und versöhne dich zuerst mit deinem Bruder"(Mt 5,23).
Christliche Meditation und Kontemplation ist nicht ein Zurückziehen auf die einsame Insel des eigenen Ich, sondern steht immer in einem sozialen Rahmen. „Du sollst deinen Nächsten lieben wie dich selbst" (Mk 12,31; Lev 19,18). „Was ihr für einen meiner geringsten Brüder getan habt, das habt ihr mir getan" (Mt 25,40). Ganz abgesehen davon tauchen tiefenpsychologisch die sozialen Konflikte in der Kontemplation, wo Verdrängungsversuche hinfällig werden, sowieso wieder auf. Damit ist dieses innere Sich-Aussöhnen ein weiterer Schritt, um tiefe Ruhe und Kontemplation zu ermöglichen, was, wie eingangs dargelegt, überhaupt die letzte Zielrichtung der Asanas ist.

12. Die Dreieckstellung (Trikonasana)

Durch den Atem, der gleichmäßig weiterfließt, wirkt diese starke Seitwärtsbeugung intensiv auf den Zwerchfellbereich, wo sich häufig seelisch-geistige Spannungen und Verkrampfungen körperlich niederschlagen. Neben dieser lösenden Wirkung kann die starke Öffnung des Flankenbereichs zum Erleben von Weite und Freiheit führen. In der wechselseitigen Ausführung gleicht die Übung symbolisch einem Baum, dessen Wipfel im Wind hin und her bewegt werden, ohne dass dieser seine Stabilität verliert. So steht diese Asana neben ihrer lösenden Wirkung hinsichtlich geistig-seelischer Verkrampfungen im Zwerchfellbereich und dem Erlebnis von Freiheit und Weite zugleich auch für innere Stabilität und Ausgeglichenheit.

Die Dreieckstellung steht für alle seitwärts beugenden Asanas. Die Übung geschieht im Stehen mit gespreizten Beinen, wobei die Arme zunächst über dem Kopf nach oben gestreckt sind und die Handflächen sich berühren. Dann wird der rechte Arm seitwärts in die Waagerechte gebracht. In dieser Position wird der gesamte Rumpf seitwärts gebeugt, während eine dynamische Streckung von der linken Hüfte über die Flanken bis in die Fingerspitzen des linken Armes entsteht. Der rechte Arm berührt schließlich den rechten Unterschenkel. In dieser Stellung verharrt der Übende, während der Atem tief in die linke Flanke fließt. Später wird der Körper wieder behutsam aufgerichtet und nach der Streckung nach oben in gleicher Weise nach links bewegt.

13. Das kosmische Gebet

Das „kosmische Gebet“ besteht aus einer Reihe von ruhigen, bewussten Bewegungen, die analog zum entsprechenden Text ausgeführt werden:

Der Beginn liegt in der Bereitschaft (1)
zu wachsen (2)
wie eine Blume, (3)
die sich weit im Licht öffnet, (4)
zur eigenen Mitte findet (5)
und dem anderen begegnet (6)
mit Anerkennung und Hingabe. (7)

Im aufrechten Stand werden die Hände gelöst ineinandergelegt und bilden eine nach oben geöffnete Schale. Die Ellenbogen sind leicht angewinkelt (1).
Dann werden die Hände langsam nach oben geführt (2)

Dabei begleitet der Blick die Hände, die sich nun an der Handwurzel berühren und eine Knospe bilden, welche sich in Richtung der Fingerspitzen hin öffnet. Dabei streckt sich der gesamte Körper nach oben (3). Schließlich öffnet sich die Knospe wie eine große Blüte, indem die Arme in einem weiten Bogen nach außen greifen (4).

5.a

5.b

Danach werden die flachen Hände auf Brusthöhe vor dem Körper wieder zusammengeführt (5).

6

7

Die Hände öffnen sich zu einer Schale (6).
Dann werden die Ellenbogen vom Körper gelöst und die Arme bewegen sich nach außen, während die Handflächen leicht zum Körper gewendet sind (7).
Schließlich kehrt man in die Ausgangslage zurück und verweilt dort einige Augenblicke.

Dieser Bewegungszyklus symbolisiert einen religiös-psychologischen Grundvorgang.
Das Bild von der Blume entspricht dem biblischen Ideal von Kindsein und Sorglosigkeit. „Wer von euch kann mit all seiner Sorge sein Leben auch nur um eine kleine Zeitspanne verlängern? Und was sorgt ihr euch um eure Kleidung? Lernt von den Lilien, die auf dem Feld wachsen: Sie arbeiten nicht und spinnen nicht. Doch ich sage euch: Selbst Salomo war in all seiner Pracht nicht gekleidet wie eine von ihnen. (...) Macht euch also keine Sorgen" (Mt 6,27-31).
Grundvoraussetzung für jedes Wachstum ist die innere Bereitschaft dazu.
Das Öffnen im Licht der Sonne bedeutet Erfahrung von Geborgenheit und Angenommensein als Voraussetzung für Selbstfindung und Selbstannahme. Das Symbol ist ganzheitlich transparent in seiner Deutung bzw. Erfahrungsmöglichkeit. So kann das Erlebnis des Lichtes und der Annahme stärker zwischenmenschlich oder stärker religiös, im Bild der Sonne besonders auf Christus, ausgerichtet sein, oder aus einem ganzheitlichen Ineinanderwirken beider Erfahrungsaspekte bestehen. In der letzten Phase wird schließlich die Wirkung und Folge der Erfahrung des Angenommenseins und der Selbstfindung vergegenwärtigt in einem Verhältnis der wohlwollenden Anerkennung des anderen und der Bereitschaft, sich zu verschenken. „Denn die Liebe Christi drängt uns" (2 Kor 5,14). Somit handelt es sich auch hier um einen Vorgang, bei dem das ganzheitliche Ineinandergreifen der Bereiche des Körperlichen und des Seelischen als auch der psychologisch - mitmenschlichen und der religiösen Ebene besonders deutlich in Erscheinung tritt.

14. Der Lotus (Padmasana)

Wie jede Asana schon in sich, so soll in besonderer Weise die Grundstruktur der Übungsreihe zu Sammlung und Kontemplation führen. In diesem Sinn bildet der Lotus den Endpunkt der Asana-Reihe, die zugleich Ausgangspunkt für weitere Schritte in Richtung Meditation und Kontemplation ist.

Die Haltung des Lotus ist die günstigste Sitzposition für Besinnung und Konzentration, da hier der Körper stabil und gesammelt in sich ruht und dadurch die geistig-seelische Verfasstheit in dieser Richtung deutlich unterstützt. Diese offene, ungezwungene und doch feste Haltung strahlt Innerlichkeit und Entschlossenheit aus. Lotus ist der Name einer Blüte. Selbst die Fußsohlen sind auf ihre Art nach oben, dem Licht zugewandt. Der ganze Körper symbolisiert Empfangsbereitschaft. Unaufdringlich und bewegungslos fügt sich der im Lotus Sitzende in den Kosmos ein, wie sich eine Blüte still dem Licht zuwendet, bescheiden und doch als Ausdruck von Schönheit und Lebensfülle.

Im Sitzen wird ein Bein flach auf dem Boden angewinkelt und der andere Fuß behutsam in die Leistenbeuge gelegt. Dabei sollte man die Bänder an den Kniegelenken und Knöcheln nicht überdehnen, sondern sehr langsam vorgehen und durch regelmäßiges Üben zu einer größeren Gelenkigkeit finden. Sobald diese Position ohne große Mühe gelingt, kann man mit der Ausführung des vollständigen Lotus beginnen. Dazu wird, nachdem der eine Fuß schon in der Leistenbeuge ruht, das andere Bein in Kreuzform direkt darüber gezogen. Ist die Position anfangs nur für kurze Zeit möglich, so lässt sich die Haltedauer kontinuierlich verlängern, bis sie zur Gewohnheit wird.

Hintergründe

Yoga-Schulen im Hinduismus

Ein Ziel und viele Wege

Ganz allgemein gesprochen geht es bei den verschiedenen Formen des Yoga immer um das Bemühen des Menschen, mit seinem Urgrund in Verbindung zu treten. Anders ausgedrückt: Das gemeinsame Ziel der unterschiedlichen Wege ist eine im tiefsten Sinn verstandene existentielle Harmonie des Menschen mit seinem Urgrund. Die Wege dazu sind vielfältig. Sie können mehr geistig, körperlich oder auch rituell orientiert sein. So hat sich gemäß der kulturellen Entwicklung auch das Yogaverständnis im Laufe der Jahrhunderte verändert, angefangen von einem magisch-mythischen Verständnis der alten Veden, wie im eingangs vorgestellten Gedicht der Keshin Hymne, bis hin zu einer stark experimentell-mystisch orientierten Praxis, die von einem rationalen Denken gestützt wird. Je nach Perspektive kann Yoga verstanden werden als Reinigung und Loslösung, Befreiung, Überwindung des Leidens oder auch als Umwandlung, Bewusstwerdung, Erkenntnis des Selbst, des innersten Wesenskernes im Menschen, Einswerdung bzw. Harmonie durch die Erfahrung des Einsseins. All diese verschiedenen Blickrichtungen und Formulierungen sind Annäherungen an die komplexe Welt des Yoga. Ihre Zusammenschau ergibt ein abgerundetes Bild dessen, was die indische Philosophie Yoga nennt.

Man kann vier Hauptstränge des Yoga unterscheiden: Den rituell ausgerichteten Karma-Yoga, den Bhakti-Yoga, der sich in der Übung der liebenden Hingabe an die Gottheit und deren Verehrung entfaltet, der Jnana-Yoga, bei dem die Vereinigung mit dem Göttlichen auf dem Weg der Erkenntnis geschieht und den meditativ geprägten Dhyana-Yoga. Bei der Praxis dieser vier Wege gibt es eine Fülle von Techniken, die sich im Laufe der Zeit herausgebildet haben, die sich aber nicht unmittelbar den einzelnen Wegen zuordnen lassen. Ich möchte sie aneinander reihen und kurz charakterisieren: Zunächst sind zu nennen der Hatha-Yoga, der besonders den körperlichen Bezug der Übungen betont und im Westen meist mit Yoga verbunden wird. Des weiteren gibt es den mehr geistig ausgerichteten Raja-Yoga und den Kundalini-Yoga, der mit den psychosomatischen Vitalenergien arbeitet. Ferner sind zu nennen der Mantra-Yoga, der sich Klänge und Laute zunutze macht, der Kryia-Yoga, bei dem die praktische Verwirklichung im Handeln betont wird, und der Laya-Yoga, der die unmittelbare

also der Einheitserfahrung des einzelnen Selbst (Atman) mit dem universalen Selbst (Brahman). Diese Einheit ist immer schon da, doch muss die Unkenntnis von dieser realen Einheit überwunden werden, was in der Transformation des Bewusstseins geschieht.

Diese wird möglich im fortschreitenden Abbau des empirischen Bewusstseins, in der Eliminierung der (scheinbaren) Bedeutung der äußeren Welt und ebenso im Leerwerden der inneren Welt von den Eindrücken von außen. So kann das empirische Erfah rungsbewusstsein, das im Vedanta-System als bloße Wiederspiegelung des transzendentalen Bewusstseins definiert wird, umgewandelt oder geöffnet werden in die universale Bewusstwerdung des Selbst. Hintergrund dieser Konzeption ist die Auffassung, dass der Mensch ein anderer ist, als der er allgemein annimmt zu sein. Seine Identifizierung mit einem bestimmten Körper und einem bestimmten Intellekt ist die Folge einer metaphysischen Blindheit, die ihn sein wahres Wesen nicht erkennen läßt. In diesem fundamentalen Irrtum, der sich fortsetzt in der ununterbrochenen Serie von Geburt, Tod und Wiedergeburt, liegt die Ursache von Krankheit und Leiden. Überwunden werden kann dies nur durch die beschriebene Transformation des menschlichen Bewusstseins. Entscheidende Mittel auf diesem Weg sind Einsicht, Unterscheidungskraft, um das Reale vom Unrealen unterscheiden zu können, und zum

Versenkung in das Göttliche anstrebt. Schließlich geht es beim Asparsha-Yoga um die Loslösung von jeglichem Kontakt; der Taraka-Yoga arbeitet mit Lichtphänomenen, und der Nada-Yoga basiert auf der Wirkung von Geräuschen. Mit den verschiedensten Mitteln wird eine Bewusstseinsveränderung, eine Bewusstseinserweiterung erreicht.

Sowohl nach der dualistischen und vor Patanjali atheistischen Samkhya-Philosophie als auch in der, wie der Name andeutet, dem Monismus nahestehenden Advaita-Philosophie geht es um die Loslösung von der Welt. Im klassischen Yoga nach Patanjali wird die Bewusstwerdung des Selbst erfahren als vollkommene Isolation von der Welt und ihrem transzendentalen Kern. Dagegen spricht die Soteriologie des nichtdualistischen Advaita von der mystischen Erfahrung des „Ich bin Brahman", zweiten die Loslösung von allem Unwesentlichen, Unrealen, Weltlichen zu vollziehen.

In diesem Vorgang, der sich über eine Serie von Wiedergeburten erstreckt, wird durch die Qualität der Taten eines Menschen (Karma) seine Wiedergeburt bestimmt, sein Leiden vermehrt oder gemindert. So kommt der Mensch im Aufstieg seines Bewusstseins Schritt für Schritt dem letzten Ziel näher.

Im folgenden sollen nun als Exponenten der Haupttraditionen der klassische Yoga des Patanjali, der Yoga der Bhagavad-Gita, des weiteren die besonders körperbezogenen Wege der tantrischen Yogas und des Hatha-Yoga einschließlich der Zuordnung des Raja-Yoga und als Vertreter des im 19. Jahrhundert aufkommenden Neohinduismus der „Integrale Yoga" bei Aurobindo skizzenhaft vorgestellt werden.

Der klassische Yoga des Patanjali

Philosophischer Hintergrund

Die Yoga-Sutren (Aphorismen) des Patanjali bilden das älteste Yoga-Lehrbuch, das erhalten ist. Vorausgehende Traditionen aufgreifend, verfasst Patanjali sozusagen die Quintessenz der bisherigen Erfahrungen des Yoga. Die Geschlossenheit des Werkes lässt darauf schließen, dass Patanjali nicht bloßer Redakteur, sondern selbst profunder Kenner im Bereich des Yoga gewesen ist und so aufgrund eigener Erfahrung diese Synthese schaffen konnte.

Traditionell zählt man die Yoga-Sutren des Patanjali zu den sechs Darshanas, d.h. sie gehören zu den sechs altindischen Philosophiesystemen, die auf die Veden zurückgehen und im Hinduismus als autoritativ gelten. Die 6 altindischen Philosophiesysteme lauten: 1. Samkhya -Lehre von Geist und Stoff, 2. Nyaya - Logik, 3. Vaisheshika - Naturphilosophie und Kategorienlehre, 4. Vedanta - Auslegung der Veden, 5. Mimamsa - Vedischer Opferdienst und 6. Yoga.

Das philosophische Fundament des Yoga bildet die Samkhya-Philosophie. Daher möchte ich hier in knapper Form einige ihrer Grundlinien aufzeigen: Die beiden ewigen Prinzipien des Kosmos sind Purusha und Prakriti. Purusha bildet als unbewegter Beweger sowohl den ruhenden Pol im Kosmos als auch die Ursache für das In-Erscheinung-Treten aller Vielfältigkeit. Er ist gegenwärtig im Menschen als Geistkern, stiller Zeuge, als die Person an sich. Prakriti (Natur, Urnatur) bildet das zweite ewige Prinzip, in dem alle Schöpfungsaspekte noch im Gleichgewicht sind und damit nicht in Erscheinung treten. Durch die Gegenwart Purushas entfalten

sich jedoch stufenweise, wie im Shankhya genau beschrieben, die unterschiedlichen Aspekte der endlichen Wirklichkeit. Zentraler Ausgangspunkt der philosophischen Diskussion Samkhyas ist die Frage nach dem Leiden bzw. der Befreiung von ihm. Dies geschieht nicht durch die üblichen Mittel wie ärztliche Versorgung, Reichtum usw., sondern durch die Erkenntnis und Erfahrung, dass das Selbst von allem Vergänglichen grundsätzlich getrennt ist. Einen Ishvara (höchsten Gott), wie man ihn etwa in den Schriften der Uphanishaden findet, gibt es bei Samkhya nicht, sondern alles Geschehen wird durch ein unpersönliches immanentes Weltgesetz aufrechterhalten. Während Shamkhya von einer unendlichen Anzahl von Purushas ausgeht, kennt der Vedanta nur ein einziges Ewiges.

Gleich zu Beginn seines Werkes definiert Patanjali den Begriff des Yoga: Yoga ist die Beruhigung der Anregungen des Geistes. Dann ruht das erkennende Bewusstsein in sich selbst. Ansonsten nimmt das erkennende Bewusstsein die Form der Anregungen an. Yoga ist also die Praxis, welche die Anregungen des Geistes abbaut und damit zum Ziel der Samadhi-Erfahrung führt. Diese Definition bildet, auch wenn man die Samadhi-Erfahrung z.T. unterschiedlich interpretiert, einen roten Faden in allen noch so verschiedenen Yoga-Wegen. Nach Patanjali wird Samadhi als Erfahrung der Enstase, d.h. des In-sich-Ruhens erfahren.

Als Weg beschreibt Patanjali verschiedene Möglichkeiten, den Geist zur Ruhe zu führen: 1. Kultivierung von Empfindungen wie Freundlichkeit gegenüber Glücklichen, Mitgefühl gegenüber Unglücklichen, Freude gegenüber tugendhaften Wesen und Gleichmut gegenüber allem Nichttugendhaften; 2. Harmonisierung des Atems (Prana = Lebenshauch); 3. gesammelte Sinneswahrnehmung; 4. die Versenkung in verschiedene Bewusstseinserfahrungen wie z.B. in den Zustand des Freiseins von Trauer und Sorge; 5. schließlich jede Form der Meditation, die mit Ernsthaftigkeit durchgeführt wird.

Das 2. Buch der Yoga-Sutras beginnt mit einer Beschreibung des Kryia-Yoga. Die Grundlagen sind hier Tapas. Dies sind Praktiken zur Befreiung des Geistes aus Bindungen, die durch die Wirkungen vergangener Taten [Karma], Anhaftungen oder verborgene Neigungen entstanden sind, Selbststudium und Hingabe, wobei letztere die Befreiung von der Bindung an Früchte dieser Bemühungen meint.

Der zentrale Teil der Yoga-Sutren stellt die Beschreibung des achtgliedrigen (= ashtanga) Yoga dar:

Die acht Elemente

Yama

Yama könnte man wiedergeben als äußeres Lebensgesetz oder ethische Regeln. In diesen Bereich gehören Ahimsa - Gewaltlosigkeit, Satya - Wahrhaftigkeit, Asteya - Nichtstehlen, Brahmacharya - reiner Lebenswandel und Aparigraha - Nichtergreifen.
Diese ethischen Regeln gehören im indischen Verständnis zur kosmischen Ordnung, deren Beachtung eine Grundvoraussetzung für den Weg der Befreiung darstellt. Denn das Nichtbeachten der kosmischen Ordnung bedeutet in sich einen Verlust an Harmonie und bewirkt damit das Gegenteil von Befreiung. So sind die Lebensregeln nicht Schranken zur Vermeidung strafbaren Unrechts, sondern in der Form eines Ideals der Vollkommenheit gemeint. So meint Brahmacharya z.B. mit reinem Lebenswandel den steten Wandel in Brahman. Und Ahimsa bezeichnet eine Gewaltlosigkeit, die eine friedensstiftende Atmosphäre verbreitet, in der Feindseligkeit unmöglich wird.

Nyama

Das zweite Element ist als inneres Lebensgesetz eine Fortsetzung der ethischen Tugenden des Yama, wobei der Blick nun vom sozialen Verhalten auf die Selbstdisziplin gerichtet wird: Shauca (Reinigung), Samtosha (Zufriedenheit), Tapas (wörtlich Hitze, Glühen, beständige Praxis), Svadhyaya (Studium) und Ishvarapranidhana (Hingabe an Gott).

Shauca meint eine gewisse Distanziertheit dem eigenen Körper gegenüber, um eine falsche Identifikation mit ihm zu vermeiden, welche eines der stärksten Hindernisse auf dem Weg der Erkenntnis des Selbst wäre. Darüber hinaus umfasst Shauca alle Aktionsbereiche wie z.B. das Sprechen und alles Tun. Im gewissen Sinn meint Shauca den gesamten Yoga, der in sich ein einziger Vorgang der Reinigung ist.

Asana

Hiermit sind ursprünglich lediglich die Meditationshaltungen gemeint, d.h. die Körperhaltungen, in denen man besonders gut meditieren kann: So soll die Position angenehm und über längere Zeit zu halten sein.

Mit der Revolution des Tantra[1] bekam der Körper eine ganz neue Wertschätzung, und die Asanas wurden entfaltet zu einer Vielzahl von Übungen, die der Vervollkommnung des Körpers dienen.

Pranayama

Prana ist die Vitalkraft und Yama meint Steuerung, so dass Pranayama oft als „Beherrschung des Atems" übersetzt wird. Seine eigentliche Bedeutung nach dem Sanskrittext geht jedoch weit über den physischen Atem hinaus und entspricht vielmehr dem griechischen pneuma, wobei der Atem nur der externe Aspekt eines viel feineren Energiestromes ist, der den ganzen Kosmos durchdringt.

[1] Ausführlicheres dazu nachfolgend unter: „ Hatha-Yoga, Tantra und die Bedeutung des Körpers"

Pratyahara
Ein weiteres Element auf dem Weg zu Ruhe und Verinnerlichung ist das Zurückziehen der Sinne aus der Welt der Projekte in die Innenwelt. Dies ist nur möglich, sofern der Meditierende bereits die volle Freiheit gegenüber allen weltlichen Dingen erlangt hat und von ihnen unberührt bleibt. Er sollte weder bewusst Laute wahrnehmen, noch sollte er seine Haut spüren. Seine Augen sollten nichts aufnehmen und auch seine Zunge sollte nicht schmecken.
Alle Sinne sollten schlicht und einfach ruhen.

Dharana
Wenn die Außenwelt den Yogi nun in keinster Weise mehr berührt, kann er weitergehen auf dem Feld seiner Innenwelt. Die Richtung des Weges geht von der Vielfältigkeit des Bewusstseins zur Einheitserfahrung des reinen Sein-Bewusstseins.
So bedeutet Dharana Konzentration auf einen einzigen Punkt. Patanjali nennt eine ganze Reihe von Hindernissen, die diesem Bemühen um Konzentration im Wege stehen können: Krankheit, Trägheit, Zweifel, mangelnde Begeisterung, Faulheit, Sinnlichkeit, falsche Erkenntnis, Verzweiflung im vergeblichen Bemühen um Konzentration und Unfähigkeit, im Zustand der Konzentration zu verweilen.

Dhyana
Sobald die Konzentration Beständigkeit gewinnt, erreicht der Yogi den Zustand der Meditation, Dhyana. Man kann diesen Zustand mit einer Leuchtröhre beschreiben, die nur dann zum Leuchten kommt, wenn es einen regelmäßigen und ununterbrochenen Strom gibt.
Das ganze Wesen mit Körper, Atmung, den Sinnen, dem Verstand und seinem Ego sind nun Teil des Objektes seiner Meditation: Dem universalen Geist.

Samadhi
Das Ziel oder die volle Entfaltung des Yoga schließlich ist Samadhi, das reine Bewusstsein. Es handelt sich bei der Erlangung von Samadhi um ein Umschalten vom empirischen Bewusstsein zu einem enstatischen Bewusstsein, in dem Subjekt und Objekt zusammenfallen. Im Gegensatz zu den Bereichen wie Yama oder Nyama gibt es hier keine willensmäßige Erreichbarkeit mehr, noch ist Samadhi ein Zustand, der zwangsläufig an einem bestimmten Stand eines wie immer auch gearteten Trainings allmählich eintritt. Es ist vielmehr wie ein plötzliches, geschenktes Geworfenwerden in einen neuen Bewusstseinszustand.

Patanjali greift zum Bild des Kristalls, der, wenn er völlig klar ist, die Farbe seiner Umgebung annimmt, und in der Farbe leuchtet, mit der er angeleuchtet wird, als sei es seine eigene Farbe. Sobald der Verstand mit all seinen Fähigkeiten zur vollkommenen Ruhe gekommen ist, wird das Bewusstsein hineingetaucht in das Licht des reinen Seins und von diesem Licht vollkommen durchflutet.

Der Yoga der Bhagavad-Gita

Der Yoga der Bhagavad-Gita ist ein unmittelbar theistischer Yoga. Anders als in den Yoga-Sutren des Patanjali geht es in der Bhagavad-Gita weniger um spezielle Praktiken als vielmehr um einen Weg, der

sich in der unmittelbaren persönlichen Ausrichtung des Yogin (Arjuna) auf den Gott Krishna, seinen Schöpfer, Ratgeber und Freund, den er mit liebender Hingabe verehrt, entfaltet.

Der Mensch, der seinen Ursprung, sein ewiges, unsterbliches Selbst (Atman) vergessen und sich in irdischen Dingen verstrickt hat, lebt gefesselt im ewigen Kreislauf von Geburt, Tod und Wiedergeburt. Krishna erklärt nun Arjuna den Weg und die Stufen des Yoga, wie er diesen Kreislauf überwinden und wieder neu in sein eigentliches Wesen eingehen kann. Dabei treten vor allem zwei tendenziell gegensätzliche Yogawege in den Vordergrund: Karma-Yoga und Jnana-Yoga, Handlung und Erkenntnis. Ein Ziel ist es nun, diese beiden Gegensätze, die auch für materielle und geistige Realitäten stehen, miteinander zu versöhnen und in Einklang zu bringen. Das Handeln soll ein selbstloser, begierdefreier Akt sein, bei dem der Mensch nicht auf die Früchte der Handlung schaut.

Das Prinzip der Erkenntnis steht letztlich erhaben über dem der Handlung. Wie das lodernde Feuer das Brennholz in Asche verwandelt, so macht das Feuer der Erkenntnis alle Handlung zu Asche. (Bhagavad-Gita, 4.37). Das Kernstück der Bhagavad-Gita allerdings, das allem Handeln und aller Erkenntnis seine Ausrichtung gibt, ist Bhakti, die liebende Hingabe und Verehrung des göttlichen Herrn. So fordert Krishna Arjuna auf, sein Denken ganz auf ihn zu richten. Dann werde er eins sein mit ihm, der ihn seinerseits über alles liebt.

In der Bhagavad-Gita wird der in manch anderen Richtungen eher weltabgewandte Yoga durch den Weg des Handelns und der Hingabe wieder ins Leben integriert.

Hatha-Yoga, Tantra und die Bedeutung des Körpers

Wenn man heute im Westen von Yoga spricht, ist landläufig der schmale Bereich des Hatha-Yoga gemeint, der den Schwerpunkt auf ein körperliches Training legt. Wörtlich bedeutet Hatha soviel wie „Kraft". Darüber hinaus findet sich eine esoterische Deutung des Begriffs, wonach „ha" für Mond und „tha" für Sonne steht. Oft wird Hatha-Yoga dabei einzig und allein als eine Art Gesundheitstraining gesehen. Gegen eine solche Auffassung wenden sich schon die klassischen Yoga-Texte, indem sie betonen, dass Yoga die Gesundheit nicht herstellen will, sondern als Grundbedingung voraussetzt. Darüber hinaus ist der Hatha-Yoga von seinem Ursprung und Wesen her - es geht im Yoga immer um die Formung des ganzen Menschen - eingebettet in einen ethischen bzw. religiösen Kontext. Der Ursprung des Hatha-Yoga ist unklar. Man vermutet als Gründer dieser Yogarichtung den legendären Goraksanatha, auch Gorakhnath genannt, der verschiedene teilweise erhaltene Abhandlungen über Hatha-Yoga geschrieben haben soll. Der Hatha-Yoga basiert auf dem Konzept eines feinstofflichen Körpers, der seine eigene Anatomie

aufweist. Zentral sind hierbei die sieben Chakren (Energiezentren), die entlang der Achse der Wirbelsäule angeordnet und durch ein Netzwerk von Nadis, Energiebahnen, verbunden sind. Durch verschiedene Praktiken können Energiezentren aktiviert werden. Am unteren Ende der Wirbelsäule ruht die göttliche Kraft, Kundalini genannt. Sie schläft in der Form einer zusammengerollten Schlange. Wird sie nun durch bestimmte Techniken geweckt, steigt sie durch die verschiedenen Chakren, die sie damit öffnet, auf bis zum Scheitel, wo sie sich mit der göttlichen Kraft Siva vereinigt. Ein Akt, der nach den Texten übernatürliche Kräfte und Unsterblichkeit verleiht. Dieser sehr mythologisch geschilderte Vorgang ist identisch mit der Erfahrung der Erleuchtung selbst.

Das Entstehen des Hatha-Yoga steht im Rahmen einer radikalen Veränderung in der Beurteilung des menschlichen Körpers. Zur Zeit der mythischen Yoga-Traditionen galt der Körper als Quelle von Sünde und allem Übel. Ganz anders sieht der in die ersten Jahrhunderte n. Chr. datierte Tantrismus den Körper, wenn er ihn als Wohnung des Göttlichen beschreibt.

Der Tantra bildet eine Yogarichtung, in der der Körper nicht länger abgewertet wird, sondern heilig

ist, als Ausfluß und Gefäß jener Realität, ohne die Erleuchtung unmöglich wäre.
Die positive Einstellung des Tantra zum Körper erfährt seine volle Entfaltung im Hatha-Yoga, dessen Ziel es ist, den Suchenden vorzubereiten für die höheren spirituellen Übungen. Als solcher dient Hatha-Yoga als „Leiter", um die höchste Vollkommenheit Yoga zu erreichen.
Es gibt viel Literatur über orgiastische Formen tantrischer Praktiken. Dies entspricht jedoch nicht der genuinen Ausrichtung dieses Yogaweges. Nicht die möglichst ungehemmte Sinnenbefriedigung (Alkohol, Fleisch, Sexualität) ist das Ziel, sondern umgekehrt die Spiritualisierung gerade auch dieser Lebensbereiche, wodurch z.B. auch der sexuelle Akt als ein heiliges Ritual, „Gottesdienst" verstanden werden kann. Aus wissenschaftlicher Sicht muss man sagen, dass im Bereich des Tantras vieles noch unerforscht und ein großer Teil der Quellen bisher nicht zugänglich ist. Die zahlreichen Veröffentlichungen auf dem „sensationellen" Buchmarkt sind daher mit größter Vorsicht zu behandeln.

Der Integrale Yoga nach Aurobindo

Mit dem Aufkommen des Neohinduismus im 19. Jahrhundert, der eine Relecture des traditionellen Hinduismus durch indische Denker unter dem Einfluss westlicher Ideen darstellt, kam es auch zu einer Neuinterpretation des Yoga. Seine bedeutendste Wandlung besteht in der allgemeinen Wertschätzung der irdischen Existenz und der Annahme einer ständigen geistig-religiösen Weiterentwicklung der Menschheit. Bedeutende Persönlichkeiten, die am Beginn des Neohinduismus stehen, sind: der Bengale Rammohan Roy (1772-1833), Swami Dayananda und Sarvapalli Radhakrishnan. Die eigentliche Ausformulierung des Neohinduismus ist verbunden mit den Namen Debendranath Tagore (1817-1905), Keshab Chandra Sen (1838-1947), Vivekananda (1863-1902) und Aurobindo (1872-1950).

Einer der wichtigsten Ansätze einer Neuinterpretation des Yoga im Bereich des Neohinduismus ist der Integrale Yoga des Aurobindo, den ich im folgenden aufzeigen möchte:

Da die Bhagavad-Gita im Vergleich zu Patanjalis Yoga-Sutren mehr Interpretationsmöglichkeiten zuläßt und wesentlich weltzugewandter ist, indem sie besonders die Bedeutung des Handelns betont, bezieht sich Aurobindo auf die Bhagavad-Gita, als deren Neuinterpret er sich versteht. Sein hermeneutischer Grundsatz, mit dem er sich de facto eine große schöpferische Freiheit schafft, besagt, dass zur Zeit der Entstehung der Bhagavad-Gita nicht die volle Wahrheit aufgeschrieben werden konnte, weil sie nicht verstanden worden wäre. Die Neuinterpretation durch ihn entfaltet daher nun den vollen Gehalt, indem sie die bisher im Dunkel gebliebenen Seiten aufdeckt. Aurobindos Erkenntnismittel ist sein eigener Weg im Yoga und die durch Yoga erlangte Intuition. Damit ist der Maßstab letztlich seine eigene Erfahrung.

Die drei Grundelemente dieses Integralen Yoga sind Karma (Handeln), Jnana (Erkenntnis) und Bhakti (Verehrung). Karma-Yoga als „Yoga des göttlichen Werkes" lebt aus der bedingungslosen Anerkennung des Göttlichen, wodurch das Handeln zur Erfüllung des göttlichen Gesetzes wird. Das rechte Handeln bewirkt zum einen die individuelle Befreiung und zum anderen die Läuterung der gesamten Natur in ihrer evolutionären Entwicklung. Im Jnana-Yoga ist die Welt nicht mehr Illusion, sondern wird zu einer wahren, existentiellen Realität. Alles Irdische, Körperlichkeit, Emotionen und das Sinnenhafte werden nicht länger aufgegeben zugunsten des Absoluten. Im Gegenteil, die biologischen Lebensgrundlagen haben eine eminente Bedeutung für den Yoga, da die Natur vom Göttlichen durchdrungen ist und in einer ihr eigenen Entelechie danach strebt, das Göttliche in sich Form annehmen zu lassen. Der Körper erhält als Medium des Göttlichen einen ganz neuen Wert. Im Leiblichen vollzieht sich der spirituelle Fortschritt. Der Einfluss von Emotionen behindert nach Aurobindo allerdings eine harmonische Entfaltung und Vervollkommnung des Menschen. Daher wird der Bhakti-Yoga, in dem das Emotionale eine starke Rolle spielt, nur als Vorbereitungsstufe gewertet, die dem Karma- und Jnana-Yoga untergeordnet ist. Hatha-Yoga wird abgelehnt wegen der übermäßigen Betonung des Physischen einschließlich einem unverhältnismäßig großen Zeitaufwand, der auf

Kosten des Gemeinschaftslebens gehe. Ein Samadhi, das nach Patanjali keine Konsequenzen für eine Weltgestaltung hat, bleibt nach Aurobindo ein „verstümmelter" Besitz.

Die Synthese im Integralen Yoga basiert auf der Auswertung aller bisher gemachten Erfahrungen, ihrer Integration und Korrektur. So wird die Tendenz zu einer asketischen Abgeschlossenheit gegenüber der Welt, die die dynamischen und produktiven Kräfte des Yoga lahmgelegt haben, korrigiert zugunsten einer aktiven Weltzuwendung und Weltgestaltung. Statt Weltüberwindung ist das Ziel die Inbesitznahme und Entfaltung der im Wesen göttlichen Natur. Die Welt befindet sich in einem einzigen Evolutionsprozess, an dessen Ende ein vergeistigter Mensch steht, der das Göttliche auf der Erde sichtbar gegenwärtig macht. Der Weg ist die Anwendung des Integralen Yogas, in dem die Teilbereiche Karma-, Jnana- und Bhakti-Yoga zusammenwirken. An der Stelle des statischen Selbst (Brahman) tritt das dynamische „Supramental", das aktiv in den evolutionären Weg

eingreift. Das Supramental hilft dem Suchenden zunächst bei der Wahl des für ihn günstigsten Yoga-Weges und unterstützt sein tägliches Bemühen um Erlösung. Über viele Stufen nähert sich der Mensch immer mehr diesem Supramental an. Bestand das „Mental" beim Tier nur aus dem Instinkt, hat es im Menschen allgemein schon die Form der Vernunft angenommen. Diese wird allmählich verwandelt in ein „intuitives Mental" und letztendlich nach dem Erreichen des „Übermentals" in das Supramental selbst. Dies ist dann der Zielpunkt der Evolution, bei dem ein vergöttlichter Mensch in Harmonie mit der Natur diese Erde bewohnt.

Das christliche Verständnis von der leibseelischen Einheit des Menschen

Ich möchte, ausgehend von den Anfängen im biblisch-hebräischen Denken, die wichtigsten Grundlinien der Entwicklung bis einschließlich Thomas von Aquin schildern und schließlich Karl Rahner als einen Vertreter der heutigen theologischen Landschaft zu Wort kommen lassen mit seinen Überlegungen zur Materie als gefrorenem Geist und dem Körper, wie er Symbol der Seele ist.

1. Biblisch-hebräisches Denken

Das theologische Verständnis der Beziehung von Leib und Seele hat sich im Laufe eines langen Prozesses entfaltet. Seine Anfänge gehen auf das biblisch-hebräische Denken zurück. Hier wird der Mensch vorwiegend als eine Einheit ohne dualistische Zerteilung gesehen und beschrieben. Geistige und seelische Funktionen werden nicht voneinander getrennt. Dies zeigt sich sehr anschaulich an zentralen anthropologischen Begriffen wie Näfesch (Kehle), Ruach (Hauch), Basar (Fleisch) und Leb (Herz). Näfesch steht sowohl für Hals, Gürtel und Kehle als auch im übertragenen Sinn für Durst, Leidenschaft, Atem, Lebenshauch, für die Sehnsucht des Menschen nach Leben. Ebenso bedeutet Ruach nicht nur Hauchen und Wehen, sondern auch Atem, Wind, Geist und Sinn. So übersetzt zum Beispiel die Einheitsübersetzung der Bibel „Ruach Adonai" mit: „Der Geist Gottes ruht auf mir"(Lk 4,18 nach: Jes 61,1). „Basar" schließlich steht sowohl für Fleisch (Sars) als auch für Leib (Soma) und meint damit nicht ein peripheres Haben, sondern ein Sein, das den Menschen als ganzen, als ganze Person und darüber hinaus in seiner Bezogenheit zur Verwandtschaft, der Großfamilie und sogar in seiner Verbindung mit allen Menschen bezeichnet. Schließlich ist Fleisch ein Ausdruck für die Geschöpflichkeit des Menschen gegenüber Gott. Verbindet man heute das Wort Herz (Leb) meist nur mit Gefühl, so meint der Hebräer damit die Mitte der ganzen Person, den Sitz der Erkenntnis und des Willens. Die Schriftstelle Dtn 6,5: „Du sollst Gott lieben mit ganzem Herzen (Leb), mit ganzer Seele (Näfesch) und mit ganzer Kraft" drückt also eine Totalität aus, die den ganzen Menschen einfordert, ebenso wie der ethische Pessimismus in den späten Schriften des Ersten Testaments den bösen Trieb nicht mit dem Leib allein in Verbindung bringt, sondern mit dem Herzen, womit der ganze Mensch in seiner Einheit, einschließlich seinem Willen, gemeint ist.

2. Hellenistische Einflüsse

Die griechische Philosophie hat nicht zuletzt durch die begriffliche Überlegenheit ihrer ausgefalteten philosophischen Systematik einen nachhaltigen Einfluss auf die Entwicklung des christlichen Menschenbildes ausgeübt. Ganz anders als in dem beschriebenen hebräisch-biblischen Denken wird der Mensch im Hellenismus gesehen. Plato geht von einem konsequenten Dualismus aus, in dem die Realität der Seele in einer deutlichen Höherbewertung dem Leib gegenübergestellt wird.

Alles Leibliche, das im Gegensatz zur Seele sterblich ist, stellt nur ein trübes Abbild einer größeren Wirklichkeit dar. Mit Pythagoras charakterisiert Plato den Leib als Gefängnis der Seele.
Da der Leib dem Wechsel unterworfen ist, kann eine Erkenntnis des Wahren d.h. des unveränderlich Ewigen nicht stattfinden. Diese defizitäre Sicht wird noch erweitert durch die Auffassung, dass die Materie die eigentliche Ursache für die Unordnung und das Böse in der Welt ist. In Platos Spätwerk findet sich eine deutliche Korrektur, wenn er das Verhältnis von Leib und Seele im Bild von Schiffer (Seele) und Schiff (Leib) beschreibt.
Aristoteles versucht den Dualismus von Leib und

Seele zu überwinden, indem er auf die notwendige gegenseitige Angewiesenheit beider Prinzipien hinweist und die Seele als substantielle Form des beseelten Leibes beschreibt. Doch die Seele bleibt der höhere und zugleich herrschende Teil des Menschen. Dies gilt sogar im Blick auf die Geschichte, die durch die vorgebende Seelenform mit einer ihr eigenen Zielstrebigkeit den Menschen zu einer in sich geschlossenen Vollkommenheit hin entfaltet. An die Stelle einer ergebnisoffenen Geschichtlichkeit tritt der in seinem Wesen schon auf ein vorgegebenes Ziel hin entschiedene Weg.

Im Spätjudentum kommt es zu einem vielfältigen Synkretismus, in dem sich jüdische und hellenistische Einflüssen in verschiedener Weise verbinden. So spricht man z.B. in der rabbinischen Literatur von himmlischer Seele und irdischem Leib, der zur Gottlosigkeit neigt.

Meinte die hebräische Bibel mit Herz die Personmitte des ganzen Menschen als Sitz von Erkenntnis, Verstand und Wille, so reduziert die Übersetzung der Septuaginta zum griechischen Begriff „Psychae", auf deutsch: Seele.

Bei Paulus allerdings und auch bei den Evangelien bleibt es bei der ganzheitlichen Sicht des Menschen als einer Einheit von Leib und Seele: „Denn wer sein Leben (Psychae) retten will, der wird es verlieren. Wer aber sein Leben (Psychae) verliert um meinetwillen und für das Evangelium, der wird es retten." (Mk 8,35)

3. Theologische Entwicklungen

Aus den beschriebenen Positionen entwickelt sich ein jahrhundertlanges Ringen, das erst mit Thomas von Aquin einen endgültigen Durchbruch im Sinne der Einheit des Menschen erlangt.

Nachdem schon Paulus gegen Einflüsse der Gnosis mit ihrem ausgeprägt dualistischen und leibverachtenden Menschenbild kämpft (vgl. 1 Kor 6,12-20;15), sind es später die Apologeten, die diesen Abwehrkampf fortsetzen.

Ignatius von Antiochien und auch Justin bleiben aber dennoch ganz biblisch, indem sie die Einheit von Fleisch und Geist im Auferstandenen betonen. Justin verwendet explizit den Begriff „Auferstehung des Fleisches." Ähnlich positiv bewertet Irenäus von Lyon den leiblichen Aspekt des Menschen, wenn er darauf hinweist, dass auch das Fleisch Bild Gottes ist.

Als Antwort auf die valentinianische Gnosis, die die Menschheit in unterschiedliche Gruppen einteilt, lehrt Tertullian sowohl die Einheit des einzelnen Menschen als auch des gesamten Menschengeschlechts. Leibhaftigkeit wird bei ihm zur intersozialen Realität von Gemeinschaft und Verantwortung.

Neben diesen Stimmen für die Einheitlichkeit und Ganzheit des Menschen findet sich jedoch auch eine anthropologische Linie, die das dualistische Menschenverständnis weiterträgt. Hauptvertreter sind hier Klemens und Origines als Repräsentanten der alexandrinischen Schule und Laktanz und

Augustinus im Westen. Klemens lehnt zwar Platons Lehre von der Präexistenz der Seele ab, unterscheidet aber zwischen einem vernünftigen höheren Seelenteil und einem niederen animalischen Seelenteil, wobei nur letzterer fortgepflanzt wird. Origines' Radikalisierung des Dualismus' sieht das Wesen des Menschen und seinen Kern ausschließlich in der vernünftigen Seele. Ihr Ursprung ist die Lichtwelt, wobei ihre jetzige Verbannung in den Leib als Bestrafung anzusehen ist. Im Sinne der christlichen Lehre anerkennt er allerdings die Erschaffung der Seele durch Gott. Laktanz schreibt die Seele dem Himmel, dem Bereich Gottes zu, während der Leib der Erde, dem

Bereich des Teufels angehört. Ihre „Einheit" besteht lediglich in der letztlichen Erschaffung durch Gott. Augustinus bleibt auch nach seiner Bekehrung durch den Manichäismus geprägt, obwohl er ihn nun explizit ablehnt und im Sinne des Neuplatonismus zu bekämpfen sucht: Das Wesen des Menschen ist die Seele, die über eine enge Bindung an Gott hinaus ein Teil des göttlichen Lebens selbst ist bzw. nach dem Bild des trinitarischen Gottes von diesem selbst geschaffen wurde. Der Leib ist Werkzeug und Instrument der Seele. Leib und Seele sind zwar beide gut, insofern sie von Gott geschaffen sind, doch neigt der Leib stärker zur Sünde als die Seele. In seiner Geschichtsauffassung und Eschatologie

ersetzt Augustinus die Reichgotteserwartung des Urchristentums durch die Sehnsucht der Seele nach der seligen Schau in ihrer Heimat „droben im Licht".

Das platonisch-augustinische Bild vom Menschen setzt sich in der Frühscholastik fort, allerdings in einer durchaus uneinheitlichen Weise: Hugo von St. Victor, Robertus Pullus und Robert von Melun lehren, dass die Seele der Teil des Menschen ist, dem allein Personsein zukommt. Der Leib ist lediglich eine Beifügung. Dagegen treten Gilbert von Poitiers, Simon von Tournai, Radulfus Ardens und andere dafür ein, dass Leib und Seele in einer Weise das Personsein konstituieren, dass eine Trennung durch den Tod auch das Ende des Menschen als solchem bedeutet.

4. Ergebnis bei Thomas von Aquin

Die eigentliche Überwindung der dualistischen und den Leib abwertenden Auffassung geschieht erst durch Thomas von Aquin. Er definiert die Seele (anima) - nach heutiger Begrifflichkeit müsste man dafür wohl „Subjektivität" oder „Dasein" sagen - als: „unica forma corporis." Dies bedeutet zum einen, dass die Seele die den Leib prägende Wirklichkeit ist und zum anderen, dass der Mensch eine Einheit von Leib und Seele bildet. Diese Einheit ist so radikal zu verstehen, dass Aussagen über die Seele als auch Aussagen über den Leib jeweils für den ganzen Menschen stehen können und dass jede Tätigkeit des Menschen immer eine Tätigkeit des ganzen Menschen ist. Der Mensch ist als ganzer seelisch und als ganzer leiblich. Alle Seinswirklichkeit des Leibes ist zugleich Wirklichkeit der Seele. Ihr Selbstvollzug wirkt notwendig in das Medium reiner Materialität ein, in welcher sie ihren adäquaten Ausdruck findet. Der Leib ist der materielle Aspekt der Seele. So wird der Leib nicht abgewertet, sondern er ermöglicht es der Seele überhaupt erst, ins Dasein zu treten. Darin liegt sein Sinn, seine Seinsbestimmung. Leib und Seele sind so strukturiert, dass der Leib nicht Gefängnis der Seele ist, sondern dass der Mensch, wie Thomas es sagt, nur auf dem Weg über seinen Leib die Wahrheit finden und das Gute lieben kann. Der Leib ist aber nicht nur Leib, um Geist zu werden, sondern er muss zugleich immer mehr Leib werden, um vollendeter menschlicher Geist zu sein. Die Seele ist nur wirklich als Leib, soweit sie diesen prägt und so den menschlichen Geist vollendet.

Schließlich realisiert sich gerade in der Leiblichkeit des Menschen seine soziale und geschichtliche Dimension. Der Leib eines Menschen bildet sozusagen die individuelle Begrenztheit gegenüber dem anderen, durch die der andere diesem Menschen begegnen kann. Der menschliche Leib ist in diesem Sinn Ort der Gemeinschaft und Ermöglichung der Begegnung. Thomas spricht von der Verleiblichung der Gnade als einem wesentlichen Element der Erlösung, womit der Gegensatz zum Bild des Leibes als Kerker der Seele unmittelbar deutlich wird.

Aus der leib-seelischen Einheit ergibt sich für das leibliche Entstehen des Menschen die Konsequenz, dass er nämlich als ganzer zugleich innergeschöpflich als auch von Gott herkünftig zu verstehen ist. Das heißt, wir haben hier kein Nebeneinander von menschlichem und göttlichem Handeln, sondern ein Ineinander.

Dieses Zusammenwirken von menschlicher

Eigentätigkeit und göttlichem Wirken bringt mich auf einen Punkt, der christlicherseits immer wieder dem Hinduismus vorgeworfen wird: die Frage nach der Selbsterlösung. Mir scheint, eine Lösung kann in der Richtung des Zusammenwirkens von Immanenz und Transzendenz zu finden sein. Wie Welle und Teilchen in der modernen Naturwissenschaft nicht mehr zu trennen sind, so scheint Gnade transzendent und immanent zugleich zu sein.

5. Materie als gefrorener Geist

Die beiden folgenden Kapitel (5. und 6.) bedürfen einer gewissen Vorwarnung: Zwar enthalten sie keine Sätze, die sich über mehr als 20 Zeilen erstrecken, wie sie bei Karl Rahner durchaus zu finden sind, aber die Abstraktheit seiner Gedankengänge ist schon beträchtlich, sodass der eine Leser vielleicht schnell weiterblättert, manch anderer Leser aber in besonderer Weise Geschmack finden wird an den Überlegungen.
Es geht um die philosophisch-theologische Durchdringung dessen, was bereits an vielen Beispielen im Konkreten dargestellt worden ist zur Beziehung von Leib und Seele und damit über die Ganzheitlichkeit des menschlichen Wesens.

Karl Rahner entfaltet die Einheit von Geist und Materie unter dem dreifachen Gesichtspunkt des Ursprungs, der Geschichte und des Zieles dieser Einheit.
Die Einheit im Ursprung ergibt sich aus der Annahme, dass der Ursprung ein und derselbe, nämlich Gott der Schöpfer ist. Für die Einheit in der Geschichte ergibt sich das Problem der offensichtlichen zeitlichen Ungleichheit der Entfaltung körperlichen Lebens und Geistbeseeltheit im Laufe der Evolution. Rahner versucht dieses Problem zu lösen durch die Kategorie der „aktiven Selbsttranszendenz" und das Bild vom Aggregatzustand, dass die Materie gefrorener Geist ist. So gibt es ein Werden, das mehr ist als eine abgewandelte Kombination von gleichen Grundelementen, ein Werden, bei dem wirklich Neues entsteht. Damit ist dieses Werden echte Selbstüberbietung, die aktiv vom Niedrigeren selbst vollzogen wird. Mit anderen Worten, es ist eine aktive Selbsttranszendenz, allerdings immer in der Kraft der Dynamik des absoluten Seins, das wir Gott nennen. Damit kann also endlich Seiendes mehr erwirken als es ist. Wenn aber Materie sich selbst aktiv transzendiert zu der neuen Realität des Geistes, dann können diese beiden Größen nicht völlig disparat voneinander sein, sondern Materie bildet praktisch gefrorenen Geist, deren Sinn und Bestimmung wiederum die Ermöglichung des Geistes ist. Materie ist eingegrenzter Geist, begrenztes Sein. Materie als gefrorener Geist interpretiert ist natürlich eine recht geistige Interpretation der Materie. Umgekehrt aber bedeutet dies dann auch eine höchst materielle Interpretation des Geistes. Der Geist findet seinen Ausdruck in der materiellen, der leiblichen Wirklichkeit des Menschen. In ihr bringt sich also der personale Geist erst in Erscheinung, wobei Materie damit Eröffnetheit für den Geist und ein Moment an diesem Geist selbst darstellt. Geist und Materie sind - als verschiedene und zugleich unlöslich aufeinander bezogene Momente - die nicht trennbaren Bausteine der einen geschaffenen Wirklichkeit.[1]

---

[1] *Vgl.: Rahner, Karl, Die Einheit von Geist und Materie im christlichen Glaubensverständnis.*

6. Der Körper als Symbol

Rahners Überlegungen zur Theologie des Symbols mit ihrer Anwendung auf den Menschen geben weiteren Aufschluss für das Zueinander bzw. Ineinander von Leib und Seele. Ausgehend von grundsätzlichen Überlegungen stellt Rahner zunächst fest, dass alles Seiende in sich symbolisch ist, da es sich selbst notwendigerweise „ausdrückt", um so sein eigenes Wesen zu entfalten. Daraus folgt, dass ein Seiendes in sich Ausdruck eines anderen ist. Somit ist es in seiner Einheit immer auch plural. Einheit bedeutet dann aber auch, dass es eine „innere Übereinkunft" gibt, die nicht

ein Nebeneinander bildet, sondern sich entfaltet aus einem ursprünglichen Einen und sich selbst ausdrückend zu seinem Wesen findet: „Durch ‚Ausdruck' kommt das Seiende zu sich selbst (...). Der Ausdruck, also das ‚Symbol' (...), ist die Weise der Selbsterkenntnis, der Selbstfindung überhaupt." Das Ausgedrückte bedarf somit wesensnotwendig des Symbols.

„Der ursprüngliche Sinn von Symbol und symbolisch besagt also dies: Indem ein Seiendes sich in seine eigene, innere (wesenskonstitutive) Andersheit (...) vollzieht, macht es sich kund."
Im Symbol ist das Symbolisierte selbst anwesend. Um dies zu betonen, spricht Rahner auch vom Realsymbol statt von einem Vertretungssymbol, welches im Gegensatz dazu gerade ein Zeichen der Abwesenheit des Symbolisierten wäre. Übertragen nun auf den Menschen bedeutet dies folgendes: Wie bereits dargestellt, bildet die Seele den Formgrund des Körpers, womit alle Seinswirklichkeit des Leibes gleichzeitig Wirklichkeit der Seele ist und umgekehrt; bzw. die ganze Person findet ihren Ausdruck in ihrer leiblichen Wirklichkeit einschl. ihrer Akte, ihrem Tun. Damit ist die leibliche Wirklichkeit Realsymbol der Person und lässt diese anwesend sein. „Der Leib ist das Symbol der Seele, insofern er als der Selbstvollzug der Seele (...) gebildet wird, und sich die Seele in dem von ihr verschiedenen Leib selbst anwesend sein und in ‚Erscheinung' treten läßt."
Dies gilt nicht nur für den Leib in seiner Gesamtheit, sondern auch für die einzelnen Teile. So tragen z.B. Gesicht, Hand, Herz usw. die Symbolfunktion des gesamten Leibes in sich. Der Leib ist also mehr als die additive Summe der Einzelteile. Das gleiche muss man konsequenterweise auch für die Akte einzelner Teile, die in ihrer Aufgabe auf das Ganze abgestimmt sind, folgern. Es wäre ein eigenes Thema, hieraus die Konsequenzen für die Bedeutung der menschlichen Sexualität und anderer Handlungen zu entfalten. [1]

[1] *Vgl.: Rahner, Karl, Zur Theologie des Symbols.*

Das Ende, das ein Anfang war

Am Ende einer langen Reise von den frühen Anfängen des Hinduismus lange vor Christus über die Entwicklung christlicher Vorstellungen von ihren Wurzeln im Judentum bis Karl Rahner im 20. Jahrhundert bleibt natürlich die Frage: Ist das alles wahr?

Die markierten Zitate lassen sich ohne große Schwierigkeiten in den Literaturangaben wiederfinden. Etwas anders sieht es natürlich aus mit meiner über Jahre gemachten Erfahrung, die ich zu beschreiben versucht habe, um sie dann im Horizont des christlichen Glaubens theologisch zu reflektieren. Auf einen einzigen Kristallisationspunkt gebracht lautet das Ergebnis: Christliche Asanapraxis ist das Einüben in das Erlebnis, die Grundhaltung und den Vollzug der christlichen Maxime des liebenden Schenkens und Beschenkt-Werdens.

Damit kann Yoga also ins Zentrum christlicher Erfahrung und Lebensgestaltung führen. Er kann eine Hilfe sein auf dem christlichen Weg zur Erfüllung der Sehnsucht nach Heil.

Ob diese Einsicht jedoch wahr ist, entscheidet sich meiner Ansicht nach letztlich nicht an den vorgestellten und hoffentlich für den Leser schlüssigen Überlegungen, sondern all das Gesagte will einladen, sich selber für die Erfahrung zu öffnen. Das braucht Zeit, intensives Einüben und wachsendes Wahrnehmen, Lauschen und Erspüren. So können die Worte zur Erfahrung und zur je eigenen Wahrheit werden. Es ist eine zutiefst beglückende Wahrheit.

Dann muss man Yoga keineswegs den Bereichen von Esoterik und New Age überlassen, sondern er kann integrierter Bestandteil einer genuin christlichen Spiritualität sein.

„Das Problem des Menschen ist nicht, dass er einsam, verlassen und gottlos ist. Die Tragik besteht vielmehr darin, dass er des Heils nicht gewahr ist. Gewahrsein ist aber nicht bloß kognitiver Akt, sondern die Veränderung der Grunderfahrung des Menschen, die alle Aspekte des Menschlichen überformt“ (Brück, 273). Auf diese Weise könnte ein ganzheitlich-christlicher Yoga helfen, die spirituelle Praxis innerhalb der christlichen Kirche zu vertiefen und zu verlebendigen.

In diesem Sinn will das Ende dieses Buch zugleich der Anfang eines Weges sein.

Und so möchte ich schließen mit einem Wort aus dem Johannesevangelium:

„Dann werdet ihr die Wahrheit erkennen und die Wahrheit wird euch frei machen“ (Joh 8,32).

Anhang

Literaturverzeichnis

Primärliteratur:

Aquin, Thomas v., S. Thomae Aquinatis Opera Omnia, Bd I, In Quatuor Libros Sententiarum, Busa, Robertus (Hrsg.), Stuttgart-Bad Cannstatt 1980
Ders., Summa Theologica. Die Deutsche Thomasausgabe, Bd 6, Leipzig 1937
Augustinus, Die Bekenntnisse, übersetzt nach H.U.v.Balthasar, Einsiedeln 1985.
Die Bibel, Einheitsübersetzung, Stuttgart 1980.
Bhagavad Gita. Das hohe Lied der Tat, übersetzt von Schmitt, K. O., München 1975.

Sekundärliteratur:

Acharya, Francis, Yoga - ein Weg zu Gott, München 1992.
Aurobindo, Sri, Die Synthese des Yoga, Bellnhausen 1972.
Betz, Otto, Der Leib als sichtbare Seele, Stuttgart 1991.
Brück, Michael von, Einheit der Wirklichkeit. Gott, Gotteserfahrung und Meditation im hinduistisch-christlichen Dialog, München 1987.
Capra, Fritjof, Wendezeit. Bausteine für ein neues Weltbild, München 1983.
Chardin, Teilhard de, Der Mensch im Kosmos, München 1994.
Concilium, Internationale Zeitschrift für Theologie, Leib und Sinnlichkeit in der Liturgie, 31/3 1995.
Cuttat, Jacques Albert, Asiatische Weisheit - Christlicher Gott. Die Spiritualität der beiden Hemisphären, Einsiedeln (o.J.); Originalausgabe in französisch: Expérience chrétienne et spiritualité orientale, Paris 1967.
D'Sa, Francis X., Gott der Dreieine und der All-Ganze: Vorwort zur Begegnung zwischen Christentum und Hinduismus (Theologie interkulturell 2), Düsseldorf 1987.
Eliade, Mircea, Yoga - Unsterblichkeit und Freiheit, Zyrich 1966, Frankfurt, 1977.
Enomiya-Lassalle, Hugo M., Wohin geht der Mensch?, Freiburg i.Br. 1988.
Fuchs, Christian, Geschichte und Gegenwart des Yoga in Deutschland, in: Usarski, Frank (Hrsg.), Volkshochschulen und der Themenbereich Afrika, Asien und Lateinamerika; Materialien 33. Yoga und Indien, Bonn 1992, 28-56.
Gentschy, Michael, Yoga und christliche Spiritualität. Ein Werkbuch, München 1989.
Glasenapp, Helmut von, Die Philosophie der Inder. Eine Einführung in ihre Geschichte und Lehre, Stuttgart 1985.

Griffiths, Bede, Die Hochzeit von Ost und West. Hoffnung für die Menschheit, Salzburg 1983.
Grill, Heinz, Die Seelendimension des Yoga, München 1992.
Ders., Harmonie im Atem, Vertiefung des Yoga-Übungsweges, München 1992.
Hauer, J. W., Der Yoga mit Textstellen und vollständiger Übersetzung der Yoga-Sutren, Stuttgart 1958.
Hinnels, John R. (Hrsg.), The Penguin Dictionary of Religions, London 1988.
Iyengar, B.K.S., Light on Yoga. Yoga Dipika, Dehli 1994.
Jungclausen, E., Aufrichtige Erzählungen eines russischen Pilgers, Freiburg i.Br. 1974.
Krapf, Günther, Autogenes Training aus der Praxis - ein Gruppenkurs, Berlin 1980.
Krishna, Gopi, Kundalini. Erweckung der geistigen Kraft im Menschen, Bern 1985.
Le Saux, H., Indische Weisheit und christliche Mystik. Von der Vedanta zur Dreifaltigkeit, München 1968.
Metz, Johann B., Leiblichkeit, in: HThG Bd II, München 1963, 30-37.
Metz, Johann B. und Fiorenza, Francis P., Der Mensch als Einheit von Leib und Seele, in: Feiner,
Johannes und Löhrer, Magnus (Hrsg.), Mysterium Salutis. Grundriß heilsgeschichtlicher Dogmatik Bd II, Köln 1967, 584-636
Mittwege, Martin, Yoga im Kontext der indischen Kulturgeschichte in: Usarski, Frank (Hrsg.), Volkshochschulen und der Themenbereich Afrika, Asien und Lateinamerika;
Materialien 33. Yoga und Indien, Bonn 1992, 60-86.
Mookerjee, Ajit, Khanna, Madhu, Die Welt des Tantra in Bild und Deutung, Bern 1978.
Painadath, S., Christus in uns - eine indische Christus-Meditation, in: Christ in der Gegenwart 47 (1987), 392.
Panikkar, Raymond, Trinität. Über das Zentrum menschlicher Erfahrung, München 1993. Ders., Der Dreiklang der Wirklichkeit. Die Kosmotheandrische Offenbarung, übersetzt von Merz, Veronika, München 1995; Originaltitel: The Cosmotheandric Experience, New York 1993.
Pulsfort, Ernst, Christliche Ashrams in Indien. Zwischen dem religiösen Erbe Indiens und der christlichen Tradition des Abendlandes, Altenberge 1989.
Rahner, Karl, Die Einheit von Geist und Materie im christlichen Glaubensverständnis, in: Ders., Gesammelte Schriften Bd VI, Köln 1968, 185-214
Rahner, Karl, Zur Theologie des Symbols, in: Ders.,

Gesammelte Schriften Bd IV, Köln 1967, 275-311
Reiter, Peter, Geh den Weg de Mystiker, Augsburg 2001
Rogers, Carl R., Client-centered therapy, Boston 1965.
Schreiner, Peter, Begegnung mit dem Hinduismus. Eine Einführung, Freiburg i.Br. 1984.
Schultz, Johannes H., Das Autogene Training. Konzentrative Selbstentspannung. Versuch einer klinisch-praktischen Darstellung, Stuttgart 1991.
Winternitz, Moriz, Geschichte der indischen Literatur, Bde I und III, Stuttgart 1968.
Wunderli, Jürg, Schritte nach innen. Östliche Meditation und westliche Mystik, Freiburg i.Br. 1975.
Zimmer, Heinrich, Philosophie und Religion Indiens, Frankfurt 1992.

Bildnachweis

Mit Ausnahme der Abbildungen auf Seite 5 (Christus im Lotus) und auf Seite 19 (Diamant) stammen sämmtliche Fotos vom Autor selbst.

5 Christus im Lotus, Arulanda Jose
6 Ufer des Ganges, Veransai, Uttar-Pradesh.
7 Kreuz, Kurishumala-Ashram, Kerala.
7 Dach der Kapelle, Shantivanam Ashram, Tamil Nadu
7 Schüler, Remanagaram, Karnataka.
8 Souvenirladen, Badrinath, Quellenbereich des Ganges, Uttar Pradesh.
9 Haridwar, Uttar Pradesh.
9 Menakshi Tempel, Madurai, Tamil Nadu.
10 Bettelmönche, Batrinath, Quellenbereich des Ganges, Uttar Pradesh.
11 betende Mönche, Tempelvorhof, Varansai, Uttar Pradesh.
12 Ordensleute, christlicher Ashram, Bareily, Uttar Pradesh.
13 Kindertheater, Pune, Maharashtra.
14 christlicher Ashram, Bareily, Uttar Pradesh.
15 Kinder Trichur, Kerala.
16 Schüler, Rishikesh, Uttar Pradesh.
18 Kinder, Pune, Maharashtra.
19 Diamant: Nachahmung des größten Diamanten: „Hope" (45,5 Karat) in Bergkristall, Diaverleih: Traudel Sachs, Sobernheim
20 Pflug, Pune, Maharashtra.
21 Hinweistafel Kurishumala-Ashram, Kerala.
22 Jeevan Dhara Ashram, Jairharikhal, Uttar Pradesh.
22 Anjali Ashram, Mysore, Karnataka.
23 Brot, Schottland.
24 Sonnenuntergang hinter Bergkristallstufe, Koblenz.
25 Blüten, botanischer Garten, Bangalore, Karnataka.
26 Mangoblüte, Pune, Maharashtra.
27 Hibiskusblüten, Pune, Maharashtra
28 Jesus im Lotus, Shantivanam-Ashram, Tamil Nadu.
29 Sonnenaufgang, River Kavery, Tamil Nadu.
30 Jesus im Lotus, Shantivanam-Ashram, Tamil Nadu.
32 Lilie, botanischer Garten Bangalore, Karnataka.
73 Gebirgstal nördl. Pokhara, Nepal.
74 Götterdarstellung, v. l.n.r.: 2x Lakschmi, Ganescha, Hindu-Tempel, Pune.
75 Gebirgstal nördl. Pokhara, Nepal.
76 Bergland nördl. Haridwar, Himal-Pradesh
77 Bergland nördl. Haridwar, Himal-Pradesh
78 Hänge des Kali Gandaki Tals, westl. Annapurna-Massiv, Nepal
79 Kali Gandaki Tal, Nepal.
81 Wasserbüffel, Kali Gandaki Tal, Nepal.
82 Kali Gandaki Tal, Nepal.
83 Fährboot, Kerala.
84 Kokosernte, Shantivanam-Ashram, Tamil Nadu.
86 Holzboot, Kanniyakumari, Tamil Nadu.
87 Lumle bei Pokhara, Nepal.
89 Hiuncchuli, 6331m, Nepal.
91 Hiuncchuli, 6331m, Nepal.
92 Annapurna 1, 8091m, Nepal.
94 Annapurna 2, 7937m, Nepal.
96 Annapurna 2, 7937m, Nepal.
98 Dhaulgiri, 8167m Nepal.